太极拳心谭
——太极汉语110句

段玉铭 著

人民出版社

3

序

中华武魂 人类瑰宝

中国国际广播电台台长　王庚年

欣闻段玉铭先生的新作《太极拳心谭——太极汉语110句》即将出版，嘱我作序，盛情难却，写上几句，以表贺意！

什么是太极拳？太极拳好在哪里？众说纷纭，仁智皆见。玉铭先生的《太极拳心谭——太极汉语110句》既博采众家之长，又有独到感悟。

这部著作对太极拳和太极文化的认识立意新颖，使人耳目一新。太极文化、太极拳书籍浩如烟海，而从太极拳文化体系入手论述的书籍却十分少见。全书十六章110句，全面而系统地构建起太极拳文化体系框架，是个创新，是个贡献。开宗明义，简单明了地阐述了太极拳是五术——国术、艺术、医术、学术、战术。细细品味，确有道理，还大有学问。太极拳的理论文化源泉来自于古老的太极学说，这已是公论，但在中国五千年文明、五千年武术的发展过程中诞生了太极拳，这却是一大奇迹，有人干脆把太极拳同物质文化的中国四大发明相提并论，称为第五大发明，虽然还未得到国家确认，但足以见其伟大和重要！

段玉铭先生在21世纪之初担任邯郸市市长助理、秘书长。他酷爱太极拳，首推公务员学太极拳，并请著名的杨式太极拳第五代传人常关成大师为市政府公务员教授杨式太极拳，开启了太极拳进机关的先河，随后又助推太极拳进机关、进学校、进企业、进农村、进社区、进军营的"六进"活动,让太极之花开遍赵都,让太极拳阳光普照大众。后来,段玉铭先生被任命为邯郸唯一市属本科院校——以太极文化为特色的邯郸学院党委副书记、纪委书记。更有意思的是,他竟然又被加上了一个头衔——太极文化工委书记。从此,他把太极拳文化作为毕生事业干起来,干得一发而不能收!

2010年,他首倡在邯郸学院成立太极文化学院,这成为中国高校的首家太极学院。

现在,说太极拳好的人的确越来越多了,就在2015年5月李克强总理与印度总理莫迪在北京天坛演绎了一场吸引全世界眼球的太极——瑜伽大戏! 2012年6月,我国首位女宇航员刘洋在乘神九宇宙飞船到天宫一号上演练太极拳震惊国人,震惊世界。习练太极的人也越来越多了,据说全世界有3亿人学练太极拳。正是"太极风劲吹,造福全人类!"

近些年,英美等发达国家发表了许多太极拳有益健康、能治疗多种疾病的报告,称其为世界上最完美的运动,建议本国国会在国内推广太极拳,西方习练太极拳渐进流行。我们中华民族已经摘掉了"东亚病夫"的帽子。现在生活好了,又戴上了"亚健康"的帽子。我们可用习练太极拳来摘掉这顶"亚健康"帽子! 这对于中华民族是何等重要!

邯郸是杨、武式太极拳的故乡,是著名成语之都和太极圣地。两千年前,这里创造了"胡服骑射"的奇迹,两百年前,太极拳从这里走向京城,继而走向全国,又走向世界! 作为邯郸人,我为家乡感到自豪和骄傲!

太极拳是中华武魂,人类瑰宝。《太极拳心谭——太极汉语110句》的出版发行,既是段玉铭先生研究推广太极拳的一大成果,也是献给太极拳爱好者、习练者的一份厚礼! 我发自内心的祝贺!

是为序。

2015年10月于北京

感恩太极拳

——写在前边的话

段玉铭

时光如梭，不知不觉已过耳顺之年，工龄近知天命，退休已近三年。回顾我的工作生涯可以说是两头甜。初入社会，凭借家庭医学环境的熏陶，履职农村赤脚医生六年，体验了毫不利己、专门利人、全心全意为人民服务的境界，白衣天使的品德使我终身受益，一个月的收入只有5元钱和300个工分，每10分工值仅有1角钱左右，尽管很清贫，但心里很快乐很甜蜜，享受到了救死扶伤、解除父老乡亲痛苦的成就感和价值感，是值得怀念的岁月；步入政界始终遵循着服从需要为天职，共产党员是块砖，哪里需要往那里搬的时代精神，在我的工作履历上有充分的体现，那时候没有个人的爱好与兴趣的选择，只有工作需要；唯有到了邯郸学院工作，由于学院领导的开明，才使得我能够选择干自己喜欢的事——习练太极拳，研究太极拳，弘扬太极拳。

感知太极拳

我是在20世纪90年代中期走出大山到平原工作的，刚一出山，眼界豁亮。古赵国都邯郸文化底蕴犹如巍巍太行山巍峨雄伟，犹如华北大平原

广袤厚重,遗存的诸多历史文化脉系中太极拳文化更为耀眼。拜谒广府,聆听大师,目睹风采,被太极拳魅力所折服。露禅宗师"无敌"的英姿顶天立地,禹襄泰斗"立定脚根竖起脊,拓开眼界放平心"的哲理辉映时空,澄甫先师"松静舒展,顺畅圆润,虚实刚柔,阴阳转化"拳架的修行养性惠及众生,更有《易经》、《道德经》、《黄帝内经》、《孙子兵法》的精髓融为太极拳之魂。太极拳秉承"技击为根,健身为用,文化为魂"的核心价值傲立于世。习练太极拳,收获精气神,提升品行思,完美韵境道,太极拳岂仅仅为武术?它更是国术、医术、艺术、学术、战术。啊!太极瑰宝,源于中国,融入世界,造福人类是当代人的历史使命与现实担当。

享受太极拳

太极拳健身修行养性的功效,让我倾倒、习练、追求、融入、享受,十余年来每天不少于一个时辰打太极,每与发小相见,总是羡慕我的气色好,总说与年龄有差异,总要讨要秘诀,我总是耳语秘密告之:打太极。太极拳已经成为我生活的重要组成,成为我的健康护卫使,我追求与太极拳融为一体,找到了太极拳健康幸福快乐延年益寿的法宝。我为此庆幸。

刚刚跨入邯郸学院门槛,冒下车伊始发言之忌讳,一个小小建议,引发出学校特色发展战略,邯郸学院首创全球高校太极文化学院,首设太极拳文化专业,首招太极拳文化本科生,开创了太极拳文化瑰宝传承里程碑式的新阶段。改革开放新时代给予了创新创业的广袤天地,太极拳这个全新的高校本科专业学科,没有经验可鉴,没有现成的体系沿用,但这又恰恰由于没有框框束缚,给予了第一个吃螃蟹者广阔的发展空间。培养目标定位为德艺双馨、文武兼备的华夏文化使者,造福人类;太极拳瑰宝的传承传播弘扬大师,惠及百姓。以国学国粹为特色,以太极拳文化技艺理论为主干,以大学生必修课为基础,以多种语言教学为拓展的课程体系设置,护航新型特色太极拳文化本科专业可持续发展扬帆远航。近百名邯郸学院师生奔赴 13 个国家孔子学院传授太极拳,13 块国家省市三级太极拳国际培训基地傲立邯郸大地,河北省委党校挂牌邯郸学院太极拳培训传播基地。太极拳文化传承薪火熊熊燃起。我为此高兴。

构建太极拳文化体系成为必须完成的使命课题,用极其简单明了深入浅出的语言表述博大精深的太极拳文化,引太极拳文化瑰宝出殿堂回归寻常百姓家,并不是一件轻松易事。探索尝试,讨教大师,细读经典,拳友切磋,如痴如迷,习练体察,夜思梦想,顿有感悟,旋即记录,吾虽愚钝,累积小悟,渐构体系,竟然成册,献丑拳友。我为此自信。

追梦太极拳

退休隐归南山,本应饴含抱孙,颐养天年,享受天伦之乐。然,虽身处僻野不敢忘社稷,中华复兴之梦,乃每个中国人之梦。我谨以绵薄之力,追逐太极拳梦。吾梦想,中华盛世,太极瑰宝,理应走出一条"四化"发展的康庄大道:科学化传承,国际化传播,社会化推广,产业化发展。太极瑰宝,源于中国,属于世界,应有更大的舞台与空间,应有更大的作为,应有更大的贡献。追逐"三大目标":推进太极拳推手进奥运,让世界共享;创建中国太极大学,培养太极拳文化高级人才;协同创新,创撰《太极拳学》,科学传承,研发产品,造福人类,国人当担当。

这就是我创作《太极拳心谭—太极汉语 110 句》之源之缘之愿。

目录
Directory

第一章 太极拳探秘
The Exploration into Taijiquan

1. 国术 …… 3
2. 艺术 …… 5
3. 医术 …… 7
4. 学术 …… 9
5. 战术 …… 11

第二章 太极拳根基
The Forms of Taijiquan

6. 无极 …… 15
7. 太极 …… 17
8. 阴阳 …… 19
9. 太极图 …… 21
10. 道法自然 …… 23
11. 天人合一 …… 25
12. 经络 …… 27

第三章 太极拳构成
The Forms of Taijiquan

13. 套路 … 31
14. 推手 … 33
15. 散打 … 35
16. 站桩 … 37
17. 器械 … 39

第四章 太极拳基本要领
The Forms of Taijiquan

18. 虚灵顶劲 … 43
19. 涵胸拔背 … 45
20. 气沉丹田 … 47
21. 松腰松胯 … 49
22. 沉肩坠肘 … 51
23. 虚实分明 … 53
24. 上下相随 … 55
25. 用意不用力 … 57
26. 内外相合 … 59
27. 意气相随 … 61
28. 动中求静 … 63
29. 动静合一 … 65
30. 式式均匀 … 67

第五章 太极拳构件
The Components of Taijiquan

31. 掤劲 … 71
32. 捋 … 73
33. 挤 … 75
34. 按 … 77
35. 採 … 79
36. 挒 … 81
37. 肘 … 83
38. 靠 … 85
39. 进、退 … 87
40. 顾、盼 … 89
41. 中定 … 91

第六章 太极拳功夫
The Skills of Taijiquan

42. 听劲 95
43. 懂劲 97
44. 柔劲 99
45. 刚劲 101
46. 化劲 化功 103
47. 发劲 寸劲 105
48. 静功 107
49. 松功 109
50. 顺功 111
51. 整功 113
52. 意魂 115

第七章 太极拳学习
The Study of Taijiquan

53. 初学找对师傅，求形似 119
54. 入门刻苦训练，求神似 121
55. 入境随心所欲，不逾规 123

第八章 太极拳传承
The Inheritance of Taijiquan

56. 模式：家传秘传为家业 127
57. 社会设馆授徒为职业 129
58. 高校科学传承创建专业 131
59. 流派：陈式太极拳 132
60. 杨式太极拳 133
61. 武式太极拳 134
62. 吴式太极拳 135
63. 孙式太极拳 136
64. 和式太极拳 137
65. 新流派 138
66. 人物：王宗岳 143
67. 陈王廷 145
68. 杨露禅 杨澄甫 146—147
69. 武禹襄 李亦畲 148—149
70. 吴全佑 吴鉴泉 150—151
71. 孙禄堂 152
72. 和兆元 153

第九章 太极拳核心价值
The Core Value of Taijiquan

73. 技击为根，源头搏击 157
74. 健身为用，普世共享 159
75. 文化为魂，循道而行 161

第十章 太极拳品质
The Quality of Taijiquan

76. 以和为求 …… 165
77. 中正安舒 …… 167
78. 不涉险地 …… 169
79. 过犹不及，不贪不欠 …… 171

第十一章 太极拳思维
The Thought of Taijiquan

80. 用整劲的全局思维 …… 175
81. 一动俱动，一静俱静的系统思维 …… 177
82. 反者道之动的逆向思维 …… 179
83. 舍己从人的后发制人思维 …… 181
84. 不丢不顶的寻找机遇的感知思维 …… 183
85. 粘连黏随的洞察彼意彼势的思维 …… 185
86. 我顺人背的牢牢掌握主动权创造机遇胜敌思维 …… 187

第十二章 太极拳境界
The Artistic State of Taijiquan

87. 练就精气神 …… 191
88. 修得品行思 …… 193
89. 追求韵境道 …… 195

第十三章 太极拳智慧
Thirteen The Wisdom of Taijiquan

90. 神 明 …… 199
91. 后发先至 …… 201
92. 引进落空 …… 203
93. 牵动四两拨千斤 …… 205
94. 以静制动 …… 207
95. 以柔克刚 …… 209
96. 以弱胜强 …… 211
97. 夫唯不争，故无敌 …… 213

第十四章 太极拳溯源
The Origins of Taijiquan

98. 太极拳文化与中华文明同生同长 …… 217
99. 易祖：伏羲、周文王、孔子 …… 219
100. 道祖：老子李耳、庄周 …… 221
101. 医祖：岐伯 …… 223
102. 兵祖：孙武 …… 225
103. 术祖：张三峰 …… 227

第十五章 太极拳发展
The Development of Taijiquan

104. 科学化传承立起来……231
105. 社会化推广走下去……233
106. 国际化传播走出去……235
107. 产业化发展活起来……237

第十六章 太极拳梦想
The Long-Cherished Dream of Taijiquan

108. 太极拳进奥运……241
109. 创编太极拳学……243
110. 创建中国太极文化大学……245

后记……246

附录一：传统杨式太极拳108式拳谱……249
附录二：太极拳论……267
附录三：王宗岳太极拳论……268
附录四：十三势行功心解……269
附录五：打手歌……270
附录六：十三势歌……271
附录七：身法八要……272
附录八：十三势行功要解……273
附录九：杨式太极拳老谱八门五步……274
附录十：四字秘诀……275

读后感……郭毅刚 276

第一章
Chapter 1

探秘太极拳

The Exploration into Taijiquan

太极拳心谭

太极汉语110句

国 术
Marshall Arts

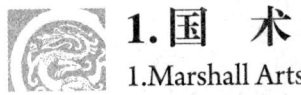 1. 国　术
1.Marshall Arts

太极拳源于技击，以技击为根为基。在目前国家认可的131个拳种中，太极拳是中国武术向世界推广的最具代表性的作品，是中国武术皇冠上的钻石，是中国的第五大发明。

太极拳是与中国特有的国学（儒学、道学）、国医（中医）、国药（中药）、国剧（京剧）、国乐（二胡）、汉字书法、中国国画一样，同为国家级来代表着中国文化，为中国创造、中国特有的武术称之为国术。太极拳的基本构件、基本招势归纳为掤、捋、挤、按、採、挒、肘、靠八法，进、退、左顾、右盼、中定五种步法，统称之为十三势。

太极拳心谭

太极汉语110句

艺 术
Arts

 **2. 艺 术**
2.Arts

太极拳对抗技击不单单靠力量，更主要的是靠智慧，靠思维，借力打力，牵动四两拨千斤；会太极拳的耄耋老人可以轻轻松松打败不会太极拳的年轻小伙子，这种以弱胜强的优雅的搏击术，成为艺术，是搏击的最高境界。世界武术都在追求这种境界，只有太极拳做到了。打太极拳肢体动静相间，舒展大方，柔和缓慢，飘逸美丽，给人以一种美的享受，成为表演艺术。

太极拳心谭

太极汉语110句

医术

Art of Healing

6

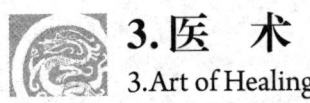 **3. 医 术**
3.Art of Healing

　　太极拳的健身功能是公认的。可以提升免疫力，防未病，调快病（亚健康），治已病（心理疾病、器质性病变）。这是太极拳被民众普遍接受的根本原因。太极拳是养、练结合。以养生为基础，开发搏击潜能，通过搏击训练回归到生命的本真。

太极拳心谭

太极汉语110句

学 术

Academic Art

4.学　术

4.Academic Art

　　太极拳有系统的专门的理论体系和技术体系，是一门专业的学问，具有学术价值。太极拳是太极文化的载体，是太极文化全面、生动、深刻、系统、精妙的展示，体现了博大精深的太极文化。

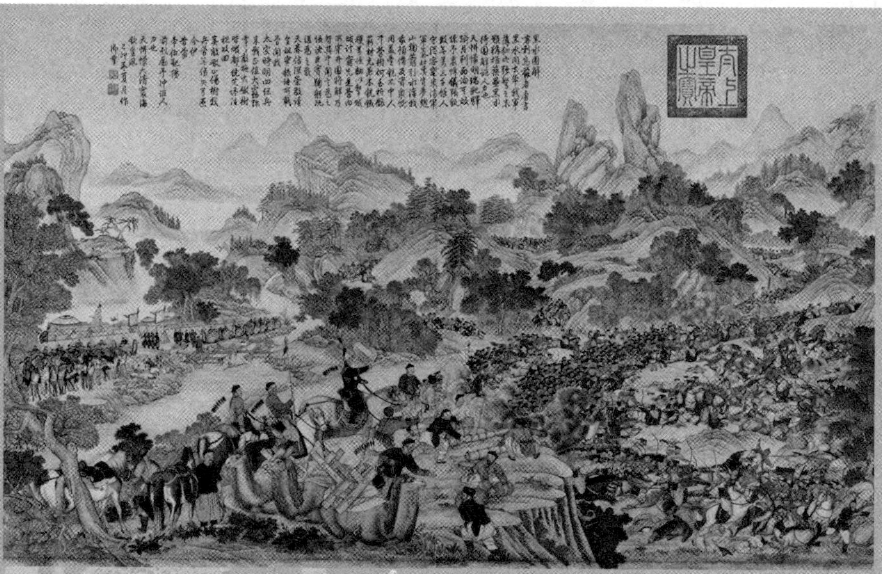

太极拳心谭

太极汉语110句

战 术

Art of Tactics

5. 战　术
5. Art of Tactics

　　太极拳的智慧在于神明。人不知我谓之神，我独知人谓之明。太极拳思维与智慧广泛运用于战争、商场、职场、人场，运用于做人、做事、做学问上，具有战略战术意义。其"中正"的品格，"中庸"的超脱，"空灵"的自由，都是做人的最高境界。毛泽东制定的"敌进我退，敌驻我扰，敌疲我打，敌退我追"，与"声东击西，以弱胜强"的战略战术与太极拳搏击制胜理念相契合。

第二章
Chapter 2

根基
太极拳

The Foundation of
Taijiquan

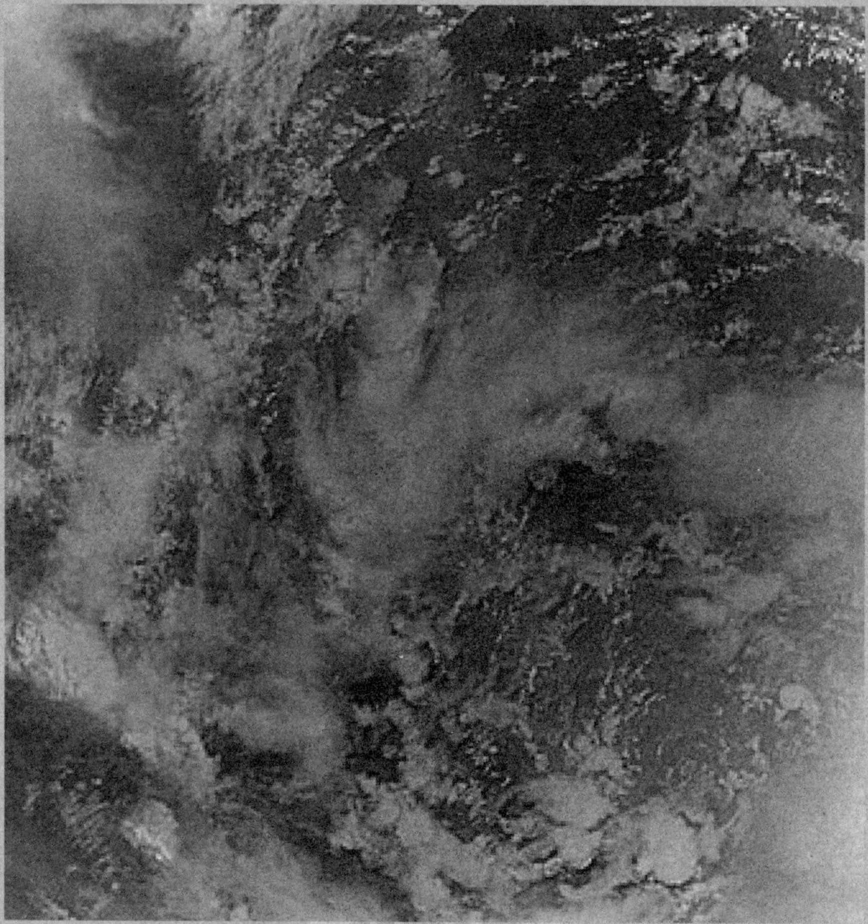

太极拳心谭

太极汉语 110 句

无 极
Wuji

6. 无 极
6.Wuji

无极是华夏古典哲学的基石。华夏先人探究人类从哪里来？自然源头何在？经过无数代先贤的思索探究，远古伏羲一字开天画八卦，伏羲氏王天下，仰观天象，俯察地景，观鸟兽之文，与地之宜，近取诸身，远取诸物，始作八卦，初创《易经》；中古周文王演周易，推演出六十四卦；近古孔子做《易传·十翼》，提出了太极概念，创立了《易经》体系。老子李耳著《道德经》，将无极作为道的起始与终极——回归到原始出发点。《易经》、《道德经》创建了无极、太极思想理论思维。

无极是阐明宇宙起始无的状态，描述天地未开、混沌未分阴阳之前的状态；无极是零，是无，太极是一，是有。无极即道，是比太极更加原始更加终极的状态，无极而太极。无极生太极，无生有。太极是"有"的极限，无极是"无"的极限。太极拳的预备式与收式皆为无极式，起于无，归于无。

太极拳心谭

太极汉语110句

太 极
TaiJi

 7. 太 极
7.TaiJi

太极是华夏古典哲学。太极是中国古代人观察宇宙、认识宇宙、描述宇宙、顺应宇宙、利用宇宙的世界观、方法论。

太极是宇宙之象数理。《易经》："其大无外，其小无内"的描述是太极之像；《易经》："一生二，二生三，三生万物"，讲的是太极的数；《易经》：无生有，有生万物，讲的是太极的理。

太极是自然之基因。"易有太极，是生两仪"，讲的是自然界任何事物的基本要素，皆可由阴阳表述。

太极是道之本真。"一阴一阳之谓道"，道是中国人做人做事做学问的最高境界，何谓道？阴阳变化谓之道的本真。

太极是人生之命魂。人的生命存在何处？存在于可以用时空度量的一呼一吸中，人失去呼吸，即失去生命，从这个角度讲，人的呼吸就是人的生命。而呼为阳，吸为阴，故说人的生命存在于阴阳之中。

孔子之学说。太极是孔子在《易传·系辞》中第一个提出，逐步演化成系统的理论体系。至今没人改过。

太极拳之所以称之为太极拳，是因为以太极思维，太极思想，太极原理为指导的拳术。

太极拳心谭

太极汉语110句

阴 阳

Yin and Yang

8. 阴 阳
8.Yin and Yang

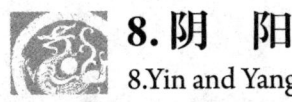

阴阳是华夏古典哲学中对立统一的范畴。中国古人把阴阳作为构成宇宙万事万物最基本的元素。世界具有物质性，自然界的任何事物都包括阴和阳相互对立的两个方面，而对立的双方又是相互统一的。阴阳的对立统一运动，是自然界一切事物发生、发展、变化及消亡的根本原因。阴阳矛盾的对立统一运动规律，是自然界一切事物运动变化固有的规律，世界本身就是阴阳对立统一运动的结果。阴阳是相对的，互变的，合一的。阴阳是事物的一体两面。

讲究阴阳平衡是太极拳修炼必须遵循的准则。

太极拳心谭

太极汉语110句

太极图
The Diagram of Taiji

9. 太极图
9.The Diagram of Taiji

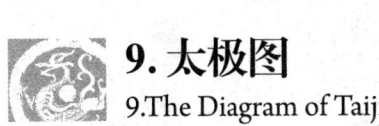

太极图是以简单的美丽的图形蕴涵着展示着中国古人的思维模式、思想方法的哲学图。

天行图：太阳运行一年 24 节气投影轨迹图，一天 24 小时阳阴相互转化轨迹图，在日晷上每天的投影，一年的晷针阴影顶端点联系起来的轨迹，在晷面上形成一条 S 线，日晷面上显示出双鱼状的太极图。

最美图：S 线最美分割，表现了相对统一的形式美、内在美、和谐美，发展为中国民族图案特有的"美"的结构图。

智慧图：太极图的阴阳二元结构启发了二进位制，由二进位创建了计算机，发展到现在的网络，成为现代社会的支撑和标志。

全息图：太极图是图式最简单、内涵最丰富、造型最完美的图案，古今中外没有哪个图案有如此深刻的内涵，它涵盖了宇宙、生命、物质、能量、运动、结构等内容，揭示了宇宙、生命、物质的起源和本质。

图腾图：太极图是中国人的图腾，中国人崇拜圆满、圆通、圆融，讲究阴阳平衡，成为中国人崇拜的图腾图，与西方人崇拜十字架形成鲜明对比。

太极图是太极拳理论思想的形象展示。

太极拳心谭

太极汉语110句

道法自然

Taoism Follows Nature

 **10. 道法自然**
10.Taoism Follows Nature

"道法自然"源自《老子》,"道"是自然规律、自然法则、万物本源、科学原理。"道"是中国文化中道教、道学的总纲和基石,"道"是古代中国人生追求的终极目标。如何得"道",必须效法自然,遵循自然规律、自然法则。修炼太极拳有三个阶段:形似、神似、得道(无规、无极、无,自然而然)。

太极拳心谭

太极汉语110句

天人合一
The Unity of Nture and Humanity

11. 天人合一
11.The Unity of Nture and Humanity

"天人合一"是中国古典哲学的基本观念之一。人是大自然的产物,"天地万物之母"。"天人合一"包含:天人一致,人体像宇宙自然一样也是个小天地;天人气交,气交的实质是天地人本源于一气;天人相应,人和自然在本质上是相通的,一切人事均应顺乎自然规律,达到人与自然和谐。老子说:"人法地,地法天,天法道,道法自然。"即时空合一;人天同构,人体结构体现了天地的结构;人天同类,天地人之间有类似"象"的普遍联系,同类,运动方式的共同特征,及其相互作用的规律;人天同象,描述旨在通过已知的自然现象推知隐藏的内在功能;人天同数,人体与宇宙之间存在着某种数理上的一致性。

习练太极拳须遵循效法阴阳平衡、刚柔相济、动静相间、生生不息的自然规律。习练太极拳法天,天行健,自强不息以刚;太极拳法地,地之顺,厚德载物以柔;太极拳效法自然,修身养性与天地同寿。

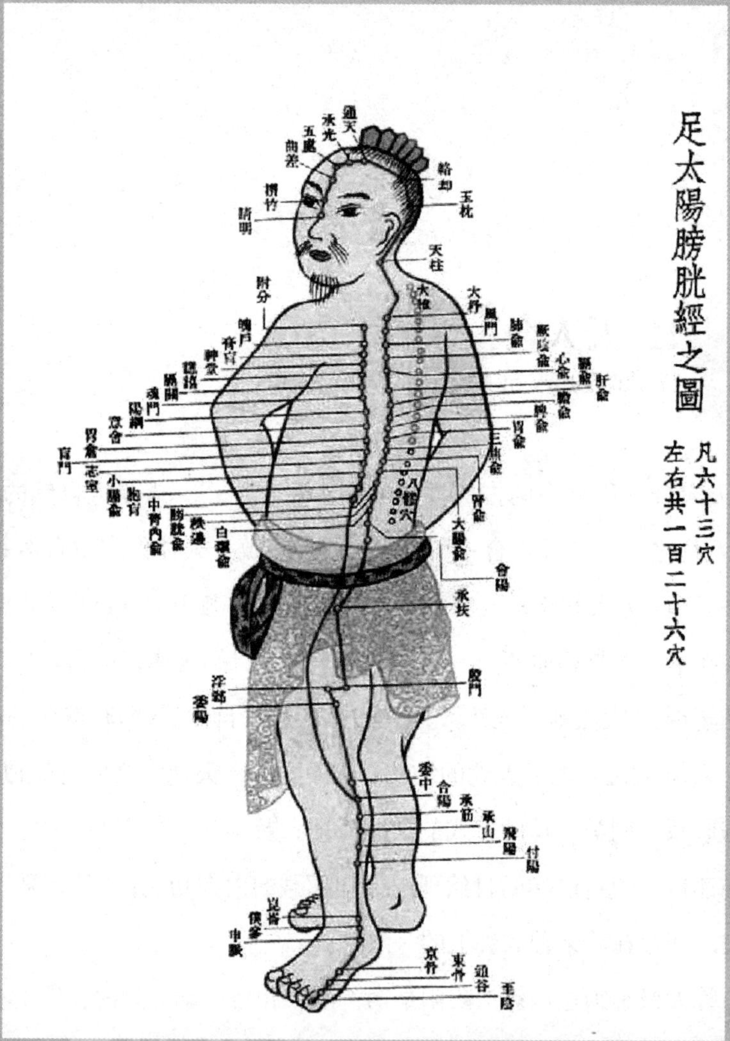

经 络

Meridians and Collaterals

 12. 经　络
12.Meridians and Collaterals

　　经络是人体构成的子系统，中医学特有的基础核心理论。经络是运行气血、联系脏腑和体表及全身各部的通道，是人体功能的调控系统。经络学也是人体针灸学和按摩医术的基础。经脉为纵行干线，络脉为横行分支，血行脉中，气行脉内外。

　　习练太极拳能够疏通经络，依据中医理论通则不痛，脉络通则能防病治病，促进身心健康。

第三章
Chapter 3

构成
太极拳

The Forms of Taijiquan

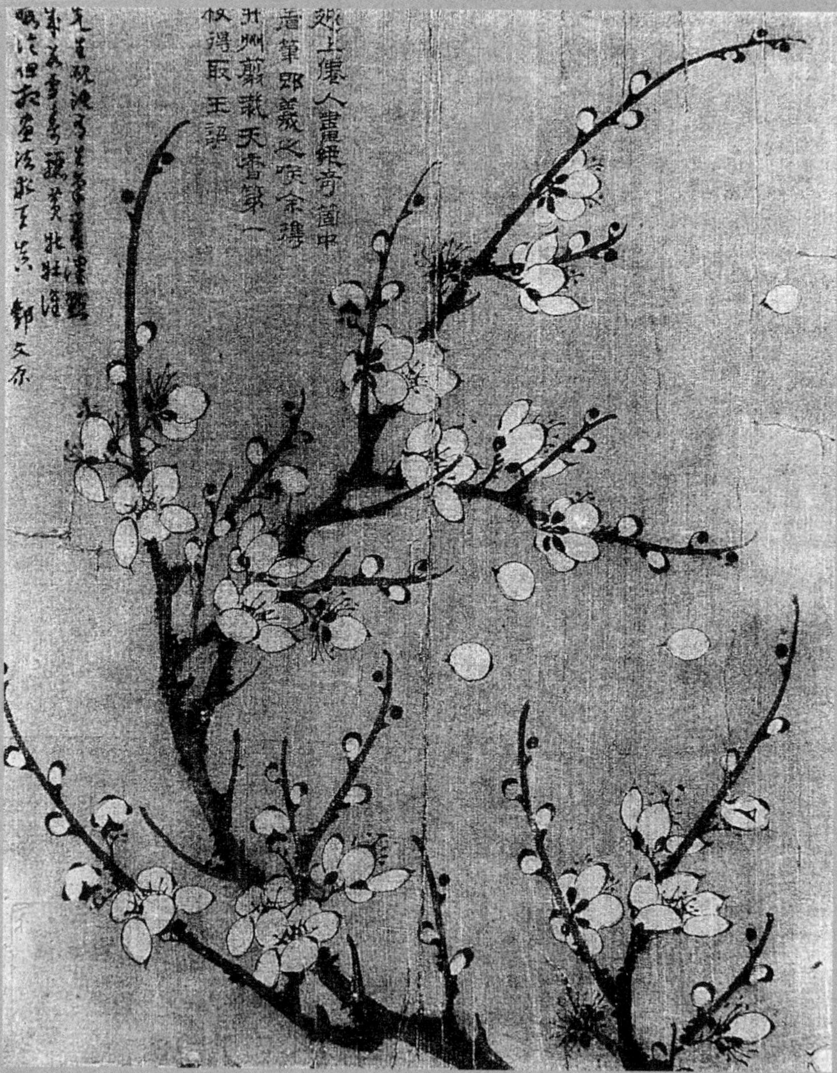

套 路
Martial Pattern

13. 套　路
13.Martial Pattern

　　套的字义是指数量、系统，如一套、两套……；路的字义是指路径、单位、路数；套路是指系统的拳架。在太极拳术中的套路是依据太极拳基本原理，围绕核心价值，把太极拳基本动作13势，根据不同目的创编设计组合成不同的习练招势。如国家推广太极拳24式、48式、88式、简化太极拳、竞赛套路、段位套路；六大流派都创撰了各具特色的套路。习练套路意在培养太极拳理念，规范太极拳动作，掌握太极拳基本功夫。习练太极拳套路具有强身健体、修心养性、防治疾病、净化灵魂以及提升技击水平的功效。

推 手

Hand Slap (Tuishou)

14. 推 手
14.Hand Slap（Tuishou）

推手是太极拳技击的基本训练方法，两人徒手运用掤、捋、挤、按四正，採、挒、肘、靠四隅（大捋推手）的阴阳转换来进行训练。按阴阳五行划分四正属性：掤属木，挤属火，云手属土，按属金，捋属水，按阴阳相生相克关系表述为：掤生挤，挤生云手，云手生按，按生捋，捋生掤；掤克云手，云手克捋，捋克挤，挤克按，按克掤。推手双方必须保持手臂粘连不脱，在相互粘随的运转中寻机使用方法，致使对方动摇或失去重心。以不丢不顶，不贪不欠，以静制动，避实就虚的要求，达到以巧制胜为训练目的。讲求"后发先至"、"先化后发"功夫。

推手分为定步推手，活步推手，单推手，双推手，大捋推手。定步单推、双推为初级训练，意在入门，掌握基本规则；活步双推是中级训练，意在训练用意与身体的协调性，培养听劲、懂劲、化劲的功夫；高级推手训练即散手，散打，意在追求实用，追求神明功夫。

散 打

Free Combat (Sanda)

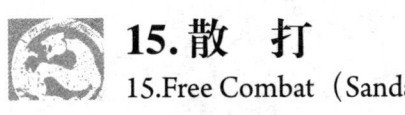

15. 散 打
15.Free Combat（Sanda）

太极拳散打是太极拳的实战应用，适用与各种武术的搏斗。对决时须全神贯注，以静待动，沉着应战，洞察意图，有的放矢，后发先至，掌握主动权。讲究阴阳虚实刚柔，懂劲道，知阴阳，明刚柔，辨虚实，方能运用自如。太极拳讲究周身一家，一动无有不动，一静无有不静，一招一势都要全身协调配合，相互依托，整体为用，形随意动。

太极拳散打神韵在于内功，内功源于内劲，内劲依靠内气，以意领气、以气领劲、气到劲到。太极拳散打以防化为先，化中带打，变劲莫测，动作连贯，转换灵活，忌"双重"呆滞，禁虚实分家，讳棱角分明。要求屈膝圆裆、松腰松胯，实腿不可死，虚腿不可丢，全身松、轻、整、圆、活、灵。太极拳讲究顺其自然，避实就虚，不与对手硬顶，发劲于对手失重时刻或薄弱环节，顺势如破竹一刀到底，出手如箭发毫不犹豫，机会稍纵即逝，稍有迟疑，反被人制。接招须准确掐住对手力点，发前一拿，拿对手至背势，顺劲发放，干脆利落。太极拳散打扬长避短，以己长克彼短，使其无法施展特长。对手擅长拳击，待其一出拳，即化即进，黏臂缠身，使其无法再出拳，借其力让其失重而放倒。对于摔跤手，其一抓抱，即摘即打，使其无还手机会。散打作为训练方法，又称摸劲。须套路与推手十分熟练，方可在明师指导下进行散打训练。

站 桩
Standing Exercise

16. 站 桩
16. Standing Exercise

　　太极拳站桩是太极拳基本功的训练方法，站桩是传统武术练内功的基础。以站式为主，躯干、四肢保持特定的姿势，全身或某些部位的松紧度呈持续的静力性的运动状态，是恢复体力、保健强身、防治疾病的静功功法。训练由意识引领入静，从而实现阴阳平衡、经络开通、气血调和、元气补养、培本固元的目的。对各类体质癌症康复期、高血压、溃疡病、神经衰弱、妇女病人群尤为适宜。站桩功的姿势很多，有基本式、休息式、高位式、中位式、低位式等。基本式可分为双重基本式和单重基本式。双重基本式是两脚平均着力的姿势。单重基本式是两脚一前一后斜向错开，呈85度角，前脚着力轻，后脚着力重。休息式体势高度比身高约低半拳，是身体支撑力最轻的站桩姿势，适合体弱老年人群。习练者按其身体支撑能力，可选轻靠休息式、双扶休息式、单扶休息式、贴腰休息式等。高位式是站桩功最基本的体势，体势高度比休息式又降半拳左右。它又可分为垂撑式、下按式、提抱式、环抱式等。中位式的体势高度又比高位式降低自己身高的两拳左右。低位式比中位势又降低自己身高的三拳左右，它是站桩功里体式最低、身体支撑量最大的一种练法。低位式又可分为马步式、伏虎式。

器 械

Martial Instruments

17.器械（刀、剑、杆、枪、扇、拂尘、拐、棍）
17.Martial Instruments（Knife, Sword, Rod, Spear, Fan, Horsetail Whish, Staff）

太极拳器械是太极拳与相应器械相结合的习练套路，太极拳器械基本要求完全遵循太极拳的拳理，是太极拳徒手套路的延伸，既包含太极拳基本特质和风格，又兼有器械特质与风格。基本器械有太极刀、太极剑、太极杆、太极枪、太极拂尘、太极扇、太极拐、太极棍。太极拳各个流派都创编了有各自风格特点的太极拳器械套路。

太极刀是太极拳运动系列的短器械，杨式传统太极刀称之为太极十三刀，太极刀的技法和动作应连绵不断，刀法清楚，劲力到位，刚柔相济，刀手动作协调配合。太极刀又分为单刀、双刀。

太极剑既有太极拳的轻灵柔和，连绵不断，重意不重力，又有优美潇洒，剑法清晰，形神兼备的剑术演练风格。

太极杆是太极拳的长器械，称"十三杆"或"十三枪"，即是用十三个字表示太极杆的技法：开、合、崩、点、劈、扎、拨、撩、缠、带、滑、截、挑。又是太极枪的十三种动作，太极粘黏十三枪：四散枪、粘黏四枪、掷摔四枪和缠枪一路。"粘黏四枪"与"四散枪"类似，都是以"刺"为主的双人主攻训练。"掷摔四枪"，即"採、挒、掷、铲"，用于"刺"的防御反攻之法。以"採枪"护胸，"挒枪"护腿，"掷枪"护肩，"铲枪"护喉。"缠枪一路"取粘连黏随之意，以不丢不顶，轻灵缠绕为用，以阴阳变化为总纲。

太极扇是太极拳器械的一种，太极扇的创编目的主要是为了锻炼身

体。太极扇融合了太极拳与其他武术、舞蹈的动作，是太极拳与扇的挥舞动作相结合，刚柔并济、可攻可守，充满了飘逸潇洒的美感与武术的阳刚威仪，是具有观赏性及艺术性的健身运动。太极扇主要有陈式太极扇、杨式太极扇、莲花太极扇以及四维太极扇等。

太极拂尘是新型的养生健身运动项目，采用道家法器拂尘作为器械，遵循太极运动刚柔相济、一势多圆、轻柔舒缓、连绵不断的原理编排的。注重攻防，技法多弯，表现为粘接连打、上掠下扫、照左击右之术；演练起来势势相连如行云流水，能收能放曲折回环。是具有健身防身作用和较高表演价值的运动项目。

太极拐、太极棍既是太极拳器械，又是一种健身工具，练习方法完全用习练太极拳的方法。讲究沾粘连随，不丢不顶，阴阳分明，引进落空。是在太极拳诸器械中最为厉害、最适合防身的一种器械。

第四章
Chapter 4

基本要領
太极拳

The Forms of Taijiquan

太极拳心谭

太极汉语110句

虚灵顶劲

Erecting the head and neck naturally

18. 虚灵顶劲
18.Erecting the head and neck naturally

太极拳基本要领。要求始终保持头向上提，尾闾中正，其提起力点在百会穴。头顶悬则全身轻利，周身灵便。头部端正，百会穴轻轻向上领起，对全身有提携作用，如有绳提拔之意，虚虚领起向上顶，颈部肌肉骨骼放松不僵直的状态，保障颈部供应大脑的全部血管、神经在颈部畅通，使得大脑司令部轻松高效运转，头部动作应与身体位置和方向转换协调一致。

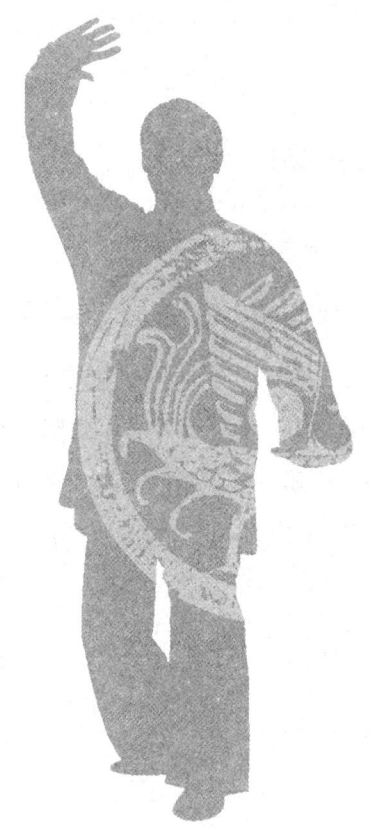

涵胸拔背

Contracting the Chest and Lengthening the Back

19. 涵胸拔背
19.Contracting the Chest and Lengthening the Back

太极拳基本要领。身体放松，胸涵下松，两肩向前微合意念，涵胸气始下沉丹田，背部自然顺直，形成圆弧状，形成撑力，是为拔背。涵胸有利于化劲，拔背有利于放劲，"力由脊发"，在技击上是蓄发相变的关系。涵胸拔背可使腰背胸腹的督脉、任脉纵向构成的椭圆形抛物线，与手阳明经、手太阴经与胸、背贯通的横向抛物线相交相通，可使腰椎平直，血气贯通，大小周天顺畅。

气沉丹田

Storing Qi in the Pubic Region

 **20. 气沉丹田**
20.Storing Qi in the Pubic Region

丹田是中医任脉穴位，在脐下三寸。气沉丹田，练拳时要保持身姿自然，呼吸深长，用意引气下行至丹田处。气沉丹田炼精化气，积蓄内气，形成内劲。气守丹田则腹稳、呼吸顺畅，下盘稳固，功力稳中见长；气离丹田则气喘、意散、身浮，功夫失势。

太极拳心谭

太极汉语110句

沉肩坠肘
Contracting the Chest and Lengthening the Back

 ## 21.沉肩坠肘
21.Contracting the Chest and Lengthening the Back

  太极拳基本要领。沉肩坠肘，涵胸拔背，正是劲道由脊随机而发的必备条件。也是太极拳身法、整劲的必然要求。沉肩首先放松两肩关节，不能耸起，以意识舒展肩部肌肉和韧带，两肩向下沉坠，同时微微向前合抱（即微前扣），坠肘是肘尖常有内扣下垂之意。肩松开下沉，关节转动灵活，身法步法方可到位。沉肩坠肘，气血微循环畅通，功法见长，强身健体。

松腰松胯
Lossing the Waist and the Hips

 **22. 松腰松胯**
22.Lossing the Waist and the Hips

太极拳以腰为主宰，只有松腰松胯方可将发轫于脚的劲瞬间由腿传至腰，由腰带动全身整劲，松腰松胯是太极拳基本要领的重要环节。松胯畅通气血通道，能在刹那间把力量送到腰部。腰紧胯浮，劲道闷盖浮散，功亏一篑。

太极拳心谭

太极汉语110句

虚实分明
Distincting the Void and the Solidness

 ## 23. 虚实分明
23.Distincting the Void and the Solidness

  虚实分明是太极拳基础功夫，至关重要。虚实以身体重心而言，重心偏于何方，何方即为实，另方为虚；以劲力而言，身手运动的方向为实，其余为虚；从搏击战术角度而言，攻击为实，引进为虚。发劲为实，化劲为虚，刚为实，柔为虚。虚中有实，实中有虚，转换迅速，虚实互换，切忌呆滞，切忌割裂。虚实分明方可轻灵，才能做到"立如平准，活似车轮，偏沉则随"反之，则会"双重则滞"。

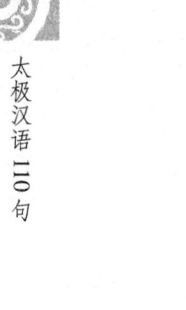

太极拳心谭

太极汉语110句

上下相随

Keeping the Coordination of upper and lower limbs

24. 上下相随
24. Keeping the Coordination of upper and lower limbs

太极拳基本要领，语出《打手歌》："掤捋挤按须认真，上下相随人难进"。上下相随是太极拳整体性、协调性的要求，要求打拳时顶、裆、心、眼、耳、手、足、腰八体紧密协调配合，动作完整一气，内外如一。做到上下相随，须"一动无有不动，一静无有不静"，系统协调。动作相合，劲力相合，做到六合：心与意合、意与气合、气与力合为内三合，肩与胯合、肘与膝合、手与脚合为外三合。

用意不用力
Using Yi（the mind）instead force

25. 用意不用力
25.Using Yi（the mind）instead force

  语出杨澄甫著《太极拳十要》。"用意"要求以意念引导动作的进行。"不用力"，要求全身放松，毫无拙力，神经、肌肉、血管不紧张。训练"用意"的方法从先想后练，边想边练，意动身随、手脚齐到，意到劲发、随心所欲的高级程度。

太极拳心谭 太极汉语110句

内外相合
Keep the harmony of mind and body

 **26. 内外相合**
26.Keep the harmony of mind and body

内外相合是太极拳的基本要求。内为阴，外为阳，阴在内阳之守也，阳在外阴之使也。内，指大脑皮层的思维活动和内脏器官的功能，如精神、心、意、气、劲等无形之物；外，指肢体各部和整个外形，如：手、肘、肩、腰、胯、膝、脚等有形之物。要求人体内外要密切配合，统一协调。

太极拳心谭

太极汉语110句

意气相随
Keep the harmony of the mind and Qi

 27. 意气相随
27. Keep the harmony of the mind and Qi

练好太极拳，必须明白意与气的相互关系，意与气在人体内是无声无息的，看不见摸不着的，意和气在人体内占有极为重要的地位。

中医所指内气，包括先天元气，肾脏所生的真气，含有物质性并带有磁感的外气称为后天元气，即人食五谷经过脾胃脏腑的运化而生成的水谷精微之气，练习太极拳所指的"丹田之气"。内气在丹田内的形成，是人生命的本源，始终贯通于周身，无处不达。气为血之帅，气行则血行，人体就会气血调和，阴阳平衡，生机旺盛；反之，气滞血凝，轻则病，重则死。

意，意念、意识、意图、意思、想法。意动气才能动。打套路、练推手中的以意行气，以意领气是步入意气相随的路径。

太极拳心谭

太极汉语110句

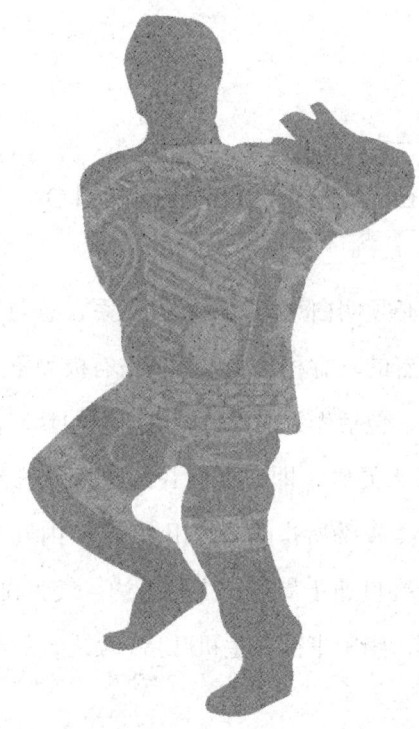

动中求静

.Seeking the Stilness in Motion

 **28. 动中求静**
28.Seeking the Stilness in Motion

  动中求静是习练太极拳的一种境界，静为不显漏于外的动，动为表现于外的静。要求精神集中，思想专一，没有杂念，心境安宁（入静）。只有"静"才能把身体"松"下来，松而不懈，静而不息。这种境界充分体现了太极文化的中正、冲和的理念。

  "动"是行拳走架活动；"静"是打拳时的安宁、平稳、缓慢、有序，呼吸深长；"静"是在"动"的基础上的，动起来行云流水一般，心神平稳沉静如神似仙。

太极拳心谭

太极汉语110句

动静合一

The Harmony between Stillness and Motion

29. 动静合一
29. The Harmony between Stillness and Motion

  动与静，原本一体，动中有静，静中有动，动静互变，动静互寓。"慎动主静之用，主静慎动之体"一体两用。阳动以浑，阴静以成，静极自动，动极致静，其静如动，其动如静，动静浑成，故谓动静合一。动静相应，动静相须，动静交互，动静均衡，动静合一，动静浑然，为太极之象矣。

  太极拳内外一气，动静一源，体用一道。所以，以静为体，以动为用，以静为旨，以静为贵。静则为性，动则为意，妙用则为神。功夫深，心意明，泰然自适。杂念去，以己之躯壳置之度外，而臻于天人合一之境。

式式均匀
Keeping the Balance in the Postures

 **30. 式式均匀**
30.Keeping the Balance in the Postures

　　太极拳健身基本要领，要求打太极拳要时时处处遵循太极拳基本规则，在训练阴阳平衡、虚实交替、刚柔相济、一曲一伸、跨步收步时都要平平稳稳，不出现起波浪式的现象，应保持在一个水平线上动作。动作要求平衡而均匀，不可忽快忽慢、忽高忽低。步法不可忽大忽小，由始至终应保持从容和缓，动作均匀。而习练太极拳技击、推手、散手时不能拘泥于式式均匀，要遵循舍己从人，身随意动原则。这是太极拳健身套路与技击训练的区别。

第五章
Chapter 5

构件
太极拳

The Components of
Taijiquan

掤　掤劲

Peng（warding off）

 **31. 掤　掤劲**
31.Peng（warding off）

　　掤，太极拳八法之首。是向上发动的劲法，发劲重在用腰，故曰："掤在伸腰"。圆弧形、多角度、全方位、向外、向上、向前的弹性劲即为掤。掤，非撑、非顶、非绷。掤，以腰为轴，要求手臂和身体各部张力都要饱满，要求身体外形松静自然，而身体的内气饱满。掤，有接掤、进掤、退掤，又分立掤、斜掤（左、右掤）、上掤、下掤、单手掤、双手掤。掤，分掤之阴、掤之阳。顺势、蓄劲、防守为掤之阴，发劲、进攻为掤之阳。

　　掤劲为太极拳的母劲，基本劲，基本功，可隐可显，随变而变。"掤劲"实际上是一种圆润劲、膨胀劲、刚柔相济的弹性劲，中定劲，无力点，无力源的混元劲，又称"横竖劲"。"掤劲"是高度自律协调的自然撑合力。拳论中既有"用意不用力"之说，更有"似松非松"之论，要求做到自然态的松紧融合，不松不紧，有松有紧的自然协调态，才能任意松紧，随意松紧，显现出太极拳所要求的"推之不瘪，拉之不开，挑之不起，压之不下"，极具弹性，浑厚沉实的"掤劲"。

太极拳心谭

太极汉语110句

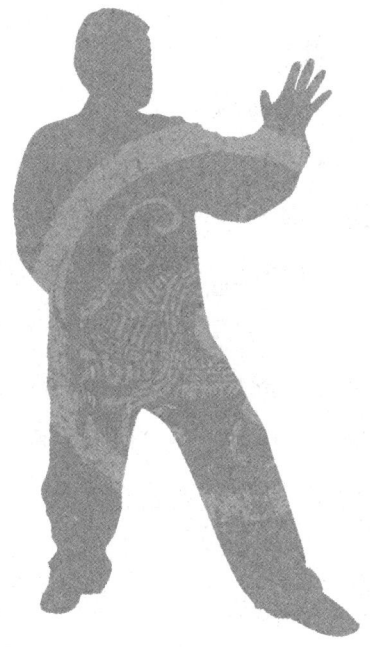

捋

Lv (roling back)

32. 捋
32.Lv（roling back）

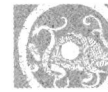

捋，太极拳基本手法八法之一。是顺势而为的一种劲道。也是在搏击中运用最多的一种技法。

"捋在顺势"，顺势，才能粘、黏、连、随；顺势，才能不丢不顶；顺势，才能舍己从人；顺势，才会有"牵动四两拨千斤"的神奇效果。这是太极拳所追求的运动总则。也是太极拳之所以能够'以弱胜强'的绝妙之处。

捋法有阴阳之分，捋之阴和捋之阳。捋之阴为防守，顺势而蓄劲；捋之阳为进攻，顺势发劲打出。

捋有向上捋、向下捋，左捋、右捋，平式捋、顺势捋、拗势捋。捋是破解对方的掤或挤时的化劲，轻灵不丢顶，顺势引进落空，逢掤必捋，以拿、引、打、发化解，用腰的拧转，带动肩、臂向身体侧后方引带劲，把对方来劲顺势向后下方顺势柔化使之落空，致使对手失去平衡而至胜。

挤

ji（pressing）

 33. 挤
33.ji（pressing）

挤，太极拳基本手法八法之一。是太极拳最常用之法，是一种向前发动的劲道。挤分挤之阴、挤之阳。挤之阴主防守，快速错开对方进攻。挤之阳主进攻，意在占取对方之位。故曰'挤在占位'。挤主侵略，重在用意进攻。挤法动似爆炸，动作迅速快捷。其特点是：意长劲短，此动作最能体现太极拳的整劲。手、脚齐到是其要点。

"挤在占位"，就是使对手失去重心和有利位置，常有顺彼劲之意。若人挒我右臂，我即一臂随之向前伸展，左手搭于右大臂中节，掌心向外，在腰裆的配合下，沉肩坠肘，顺缠竖掌，然后一起向对方身体挤击。向前挤进时，顶劲要领起，精神要贯注，涵胸塌腰，裆须开中寓合。挤不可过，过，就会出界失重，对方会顺势牵动置我于被动，彼反击则无法补救；挤也不可不及，不及则失去挤的功效而失机失势。探清虚实，欲进时出手先占他位。做到彼挒我则随之挤，挤时脚欲进，上自领之，且中部应之，上下合之。总之，一进无有不进，一退无有不退，一静百骸听令，做到挤进有方，后退有余，立于不败之地。

太极拳·心谭

太极汉语110句

按

An (pushing)

 **34. 按**
34.An（pushing）

按，太极拳手法八法之一。是一种向前、向下的劲道，意在对手之根，主攻对方根节，故曰"按在挫根"让对手站立不稳是拿，使其跌扑是打。

按分按之阴、按之阳。按之阴主防守，使对方来劲落空。按之阳主进攻，挫其根节而使其跌出。按劲用于推手，既具有捺压对方来力，使其向下而不能上犯的抑制作用，又有沾随其推掷的进攻作用。按须用腰腿劲，加以意念气，眼神须注视按捺方向，"按在挫根"，用腰脊极力地向下后撑，腰脊不能主动向前用力，犹如"行船杆撑"。以引进落空作为先导，伴随着粘连黏随的牵制，先虚后实的软着陆，立身中正具有支撑八面之功效。

太极拳心谭

太极汉语110句

採

Cai（pulling down）

 35. 採
35.Cai（pulling down）

採，太极拳八法之中四隅之一，是一种顺势向后和向下的劲道。

採是由捋法与按法组成，具有沉降和顺势的共同特点。在八法中是常用之法，属于太极拳打法之列。

採法可破掤、挤、捯，採法有龙盘玉柱、移花接木、金蝉脱壳等三十六种技法，故有花採三十六之说，深受太极大家所推崇。

"採在沉劲"。接到对手来击手臂的同时，身体转身撤步下沉，用身体的下沉完成採。

太极拳心谭

太极汉语110句

挒

Lie (spliting)

36. 挒
36.Lie（spliting）

挒，在太极拳八法之中属四隅之一。由掤法和挤法所组成，主向上和向前的劲道。太极拳有众多挒法，实为拳中之猛势，使用起来得心应手，应手而见效，太极大家都很喜欢用此技法。

挒法攻击的部位多是头面部的重要穴位，其力根在脚，发于腿，主宰在腰。急剧出圈的翻转之力为挒。出圈，是指肘膝防护圈。是说挒劲的发力用"急剧的翻转之力"超出对手的肘膝防护圈。挒的运用一般是接触到对方身体，即"粘衣而发"。交手时手掌接触对方身体后，突然转腰，用掌根发力，力量冷脆，速度极速。掌、拳、肘、臂、腰、腿、脚都能发出挒劲。发劲时要通过螺旋达到延伸，以获取发力距离。挒劲的特点在速度迅猛，发力冷急脆快。接触瞬间，突然的翻转变化，对手心理难以承受，"挒要惊"。心理打击重于身体伤害；挒力劲短意长，具有渗透劲、穿透劲的杀伤力。

肘
Zhou (elbowing)

 ## 37. 肘
37.Zhou（elbowing）

肘，太极拳八法之中四隅之一。是由捋法与挪法所组成，是顺势和向上的劲法。

肘位于上臂与前臂相接处向外凸起的部分。肘法是用肘部前击或用肘部化引的技法。用肘劲是对方逼近，拳势被封，或我一臂的肩、腕两节被採执，使我肘部接近其胸肋部时，是进步顺势折肘的良机。"肘在屈使"。肘劲短促而凶狠，顶肘是毒招；肘法凶猛却易破，用不好反受制于人，故"勿轻使"。破顶肘用柔化避让的掣肘法，掣肘时要防其乘机撤拳，掣肘同时起脚攻其胁（摆莲式）。顶肘用肘尖，分直顶、横顶，又从上、下、左、右等方向划分，肘法有切肘、旋肘、靠肘、砸肘、撞肘、横击肘、藏花肘等多种肘法。发力突然，易伤人，击打部位多属要害，故不应轻易使用。

肘法是八法中最为诡异的打法，常常出其不意，难以预防，属拳法中之奇术。

太极拳心谭

太极汉语110句

靠
Kao (lody stroke)

 38. 靠
38.Kao（lody stroke）

靠，太极拳八法之中四隅之一。是挤法与按法所组成，是向前和向下的一种劲法。

靠，以肩以背进击和发放的技法。靠法最好地体现了太极拳整劲，属劲整力沉的一种劲法，是太极拳的一大特色。

靠法有前肩、正肩、后肩、胸靠、腹靠、股靠、膝靠等方法，有十三靠之说，深受太极拳习练者所喜好。靠法关键在整劲，其意要达内脏，所以其破坏力极强。

靠法可以变为挤法和肘法，挤法和肘法也可变为靠法。靠法是双方极近距离用的方法，用根节发劲，一般都是先进步或引进对手，再扭转发劲。靠法分肩外侧或肩内侧击打，上身和下身皆可用靠法。靠法用的是顺劲和整劲。靠法在使用时是要将整个身体的重心前移，如果击不中对方，很容易自己失去平衡。所以必须在得机得势时使用，否则可能因使用靠法被击倒。

太极拳心谭

太极汉语110句

进、退

Advance and Retreat

39. 进、退
39. Advance and Retreat

进退属于步法，是属太极五行步法。"生死存乎进退之间"，进退步是套路的稳定与技击对决成败的关键，必须搞懂并熟练行步。

进是太极拳法重要的技击方法。有进步和进击两种意思。进步和进击主要目的是进攻、进取；进步是为得机得势，进击是得机得势后进步击打对手。进要做到脚与手合，手脚齐到。进又根据需要有正进、侧进、近进、远进、明进、暗进和连续进步、跃进、趟泥铲进、搓进等步法。进的主要意图是占位。

进还有侦察的目的，俗称摸劲、试劲、问劲。在进中摸清对方变化之动向，随彼之动，相机而动，做到借力打力。获得牵动对方四两而拨动其千斤的效果。

进的动力在后腿，有稍息全凭后腿蹬之说。前腿是进法的主体，后腿是进法的动力。

退是"从人"的具体表现。退有虚实之别，有明暗之分，主要与捋同时用。如揽雀尾之捋、抱虎归山等。

主动退为打劲，如倒撵猴式。被动退是听劲，如退步跨虎式。

进退的步法走的是弧线，进步进侧前方，退步退侧后方；腿未动，腰先提，又要提起然后进退。步法要小，步大则会影响整体发力，半步赢人，"步在于稳"。前进后退，虚腿都是暗腿、蓄劲。由脚尖内扣或外摆而形成的。步法要轻灵沉稳，迈步如猫行，落地生根；手脚相随，手不落空，脚到手到，发力才妙。

顾、盼

Noticing and Being on guard

 40. 顾、盼
40.Noticing and Being on guard

顾盼属于太极拳十三势中的五行步法，是左右运动的步伐，是步法与眼法的合用。

顾盼有腾挪之意。贵在轻灵，随人而动，出人意料，有打人人不知之效。欲左先右，如彩蝶飞舞，行踪飘忽不定。

顾有左顾之称，是横向行走时偏左前方的意思，因左为上，主进击。

盼有右盼之称，是横向运动时偏右后方之意，因右为下，主退防。

所以，左顾右盼有前进、后退，进攻、防守之意。

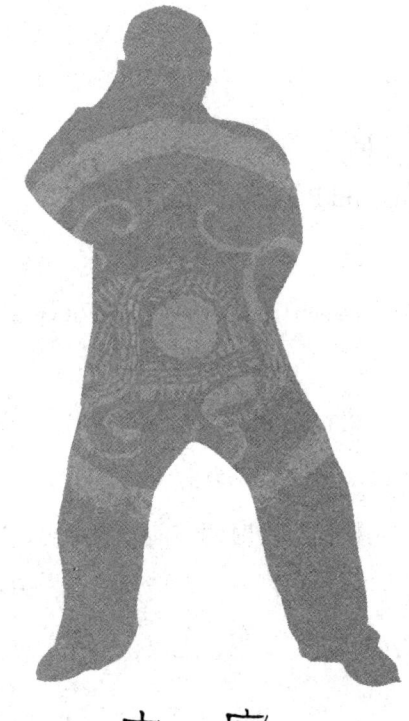

中 定

Standing straightly and Defending

 **41. 中　定**
41.Standing straightly and Defending

中定为太极拳的身法，也是十三势中的五行步法。中定在五行步法中最为重要。

"中"是身体的中心部分，是太极拳劲力枢纽与发源地，是上下相随协调运动的关键，阴阳相济、虚实相间的根本。中的外形，为脊椎、两肾及立身中正，尾闾中正，虚领顶劲等要领的体现。中的内气，乃意气中正，不偏不倚，无过无不及，阴阳平衡之意念。定，定是守之意。太极拳要求"守中"。外形要求中正安舒，内气要求气敛神聚不散漫，为心气中定。太极拳打拳意动、气动、形动秩序展开。中定合一，相辅相成，缺一不可，中是前提，定是关键。

中定有上、中、下之分。上属百会穴，是虚灵顶劲，有向上之意；中为腰裆，其意在人身之太极点；下为涌泉穴，意在脚下生根。

中正安舒是意境也是功夫，上定则能神聚，中定才能精充，下定才能气足，松沉圆活，内固精神，立如平准，不贪不欠等皆是中定之法的具体要求。

"虽变化万端，而理为一贯。"这"理"便是"中定"。每一虚实，皆先有中定，而后有虚实。中定是太极拳运动的基础。

中定是太极拳用意不用力运动的关键，掌握了中定便连通了进入太极拳殿堂的桥梁。推手中守中、用中、避中。守中，意即在推手中要始终守住自己的中，中土不离位，我守我界；用中，意用自己的中去破坏对方的中，实现我顺人背；避中，意即当对方在找我的中时，避开对手让其找不到我的中。

91

第六章
Chapter 6

功夫太极拳

The Skills of Taijiquan

太极拳心谭

太极汉语110句

听 劲

Judging the Opponent's Force

42. 听 劲
42. Judging the Opponent's Force

听劲充分体现了太极拳功夫。是推手时感知对手劲力变化的方法和能力，是由皮肤的触觉和体内感觉来探测对方劲的大小、长短和方向。听劲是懂劲的必由阶段，练习听劲须由学习沾黏劲入手。训练听劲，须先将己身呆拙之力抛弃，放松腰腿，静心思索，敛气凝神以听之。

听劲，有多重（chong）之意，是耳听、眼观与周身肌肤触觉，觉察和心灵、神经系统的感知。感知灵敏度和准确度，是由练拳架和推手功夫的深浅所决定的。听劲大致可分如下三个阶段：一是骨感听之，二是皮感听之，三是毫感听之。

听劲要有定量概念，掌握对方劲力的虚实变化，最重要的关键是着力点，必须把注意力集中在着力点上，务求精确获取此处劲力瞬间的大小和方向。

听劲能够尽量增长对方的劲力作用过程，尽量增加自己的劲力的敏感程度。遵循太极拳法规则用意不用力，以增长对劲力的敏感；听到劲时要同步由圆弧向直线的转化，以完成由防御向进攻的转化。

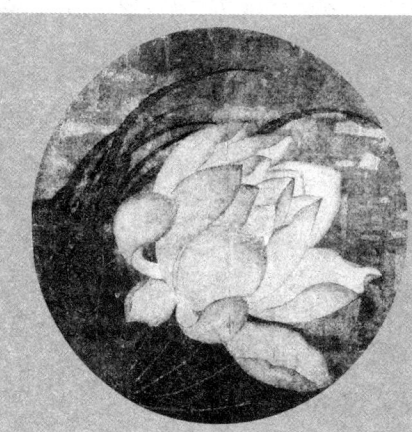

懂 劲
Knowing the Essence of Power

43. 懂　劲
43. Knowing the Essence of Power

懂劲是太极拳的功夫和智慧。听劲是方法，懂劲是效果，懂劲是以听劲为基础，又是神明的前提与基础，懂劲是通过听劲辨别对手劲的阴阳、刚柔、虚实变化，掌握主动权取得胜利。

太极拳技艺高的练家在与他人推手时，手臂接触的瞬间，就能感知对方劲力、刚柔、虚实、方向、快慢、变化及意图。所谓"行家一伸手，便知有没有"，是对"懂劲"惟妙惟肖的描述。王宗岳《太极拳论》："须知阴阳，粘即是走，走即是粘，阴不离阳，阳不离阴，阴阳相济，方为懂劲"。

太极拳心谭

太极汉语 110 句

柔 劲

Softening the Strength

44. 柔 劲
44.Softening the Strength

柔劲是太极拳独特的基本功,是战胜对手的法宝。刚与柔是对立的,是可以相互转化的。阴阳学说,无极生太极,太极分阴阳,阴代表柔,阳代表刚。练习太极拳须先放松去僵求柔,再积柔成刚而后始能刚柔相济,以柔克刚。柔劲是防守中运用的劲道,具有松沉、浑厚、连贯、飘逸的特点。柔劲是接对手攻击时使用的招法,对手击来时犹如打风的无形,没有抵抗,堕入无对手的状态。太极拳的以柔克刚是练习以弱胜强,以小力胜大力的方法。

太极拳心谭

太极汉语 110 句

刚 劲

Knowing the Explosive Power

45. 刚　劲
45. Knowing the Explosive Power

太极拳的刚劲有别于其他武术的刚劲，太极拳刚劲是由积柔成刚，是我顺人背时发出的，通过腰间瞬间爆发出来的劲道，也称弹抖劲，是推手最具摧毁力的。习练刚劲要舍得把自身所有的僵力除掉，换取先天性的自然劲，拙力不除，柔劲难生，无柔则无刚。要求行拳走架中把身肢放长，身心宽松开。放松，可促进血液回流顺畅，使身体各部获得充分的休息，和获得充足的营养及能量。以腰为主宰，周身皆处于松透状态。刚劲是将所有积聚在丹田的松透物质能量瞬间陡射出来的劲，柔极生刚。当年杨澄甫的刚劲：动之之激，发之之聚，未见其动，腾空而跌，独步一时，堪称神力。一直令后辈人激动而神往。

太极拳心谭

太极汉语110句

化劲 化功

Keeping Defensive Ability

 **46. 化劲　化功**
46.Keeping Defensive Ability

太极拳化劲是克敌制胜智慧的充分体现。化劲将对手引进使其失去平衡时，以小化大，引进落空，牵动四两拨千斤；化劲将对手力的方向化走，不顶，领走，化掉。化劲有腰化与臂化，腰化是由靠腰的突然转动而化走对手攻击力的方向；臂化是由臂膀的突然转动而化走对手攻击力的方向。走化用圆来实现，有平圆、立圆、斜圆。化劲是防守中运用的技法，可将对手的进攻用圆弧柔化走掉，引力落空把对手的进攻力量化掉。

化功是太极拳以柔克刚、以弱胜强、牵动四两拨千斤的制胜法宝，是太极拳有别于外家拳的根本区别，化功是经长期训练而形成的功夫。走化的方法是不丢不顶，舍己从人，不顶才能舍己从人，不顶才能引进落空。舍己从人就是不主动用力（不主动进攻），随人而动，就是"走"、"黏"，"人刚我柔谓之走，我顺人背为黏"，"随曲就伸"，彼伸我曲（走），彼曲我伸（粘），忽隐（走）忽现（黏）。王宗岳《拳论》："左重则左虚，右重则右杳，仰之则弥高，俯之则弥深，进之则愈长，退之则愈促"，变化莫测，即走化。

太极拳心谭

太极汉语110句

发劲　寸劲

Releasing Energy

 **47. 发劲　寸劲**
47.Releasing Energy

发劲是推手寻找到对手破绽时，用刚劲击败对手的方法。发劲时走的是圆切线。

寸劲，是发劲的一种形式，是短距离攻力，动作即将完成的瞬间，才突然发出的短促、刚脆的爆发劲力。寸劲是通过弹抖发出的劲道，寸劲杀伤力极强。

太极拳心谭

太极汉语110句

静 功
Keeping the Static Exercise

48. 静　功
48.Keeping the Static Exercise

太极拳静功是太极拳修炼安静的功夫。太极静功为太极拳精华，集内气、养生、静坐、武术于一身，静中包含万千变化，能够体会到松静自然、静中犹动、静中寓动、静而无静、心平气正、心正意静、气血和顺之雅境。静功修炼又称作"无极功"，无极生太极。静有多层面：平静，心平气和；宁静，凝静，专心致志；定静，思想不动，不胡思乱想，形体不动，功感平衡；虚静，身心双层净化，精满身浑圆；灵静，万物通灵，对外界事件感应特别敏感；圆静，内外圆融相通；真静，达到真静方能真松，方能听劲懂劲，方能随心所欲不逾规。

松 功

Relaxing the Body and the Mind

 **49. 松　功**
49. Relaxing the Body and the Mind

"练拳不练功，到老一场空；练拳又练功，道艺两相丰。"松功是太极拳的核心功。练好太极拳，必须首先练好太极拳松功。修炼松功要集中练养"神形"，放松首要要心松，入静，而后练养"沉气，通空，圆融，虚灵"。修炼达到心定气和，周体四肢百骸、关节、肌肉、韧带无不柔和，无不松沉，无不轻灵，无不坚韧，无不顺遂。太极拳松功要求一松到底，放松入静，修炼松展、松开、松柔、松软、松沉、松圆、松通、松空、松灵，达到"大松、大静、大柔、大软、大虚（空）"。神虚灵，不丢，不懈，不塌，不瘪。松要先心松，神松，意松，气松，而后形松。形松要达内松（五脏六腑）和外松（筋骨皮）。全身九大关节要节节松开，如九曲珠，又要节节贯串，通体无间，无微不至，周身一家。松须排除身上刚气、躁气、浮气、僵气，积存真气、元气、中气，卸僵、弃呆、化柔、转活、轻灵而富弹性。周身松的感觉是忘掉自我身形。

太极拳心谭

太极汉语110句

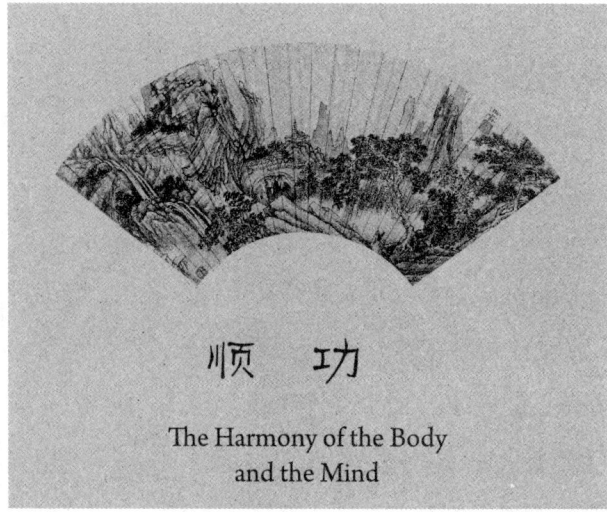

顺 功

The Harmony of the Body
and the Mind

50. 顺　功

50.The Harmony of the Body and the Mind

顺功是修炼肢体圆顺，意神顺畅，气血通顺，掌握主动权的功夫。用意念诱导，使精神、意念及气与力相互协调配合，使身体内外、上下、左右、前后的神、意、气达到顺畅协调平衡的状态，具备内三合，外三合。放松是前提，松则顺，须在习练拳架和站桩中修炼与体验。

太极拳心谭

太极汉语 110 句

整 功

The Coordination of the Limbs

 **51. 整　功**
51.The Coordination of the Limbs

　　整功是太极拳神奇功夫的展现。整功训练的是身体的协调性，实现"一静俱静，一动俱动"。太极拳劲起于足，行于腿，主宰于腰，发于梢。梢，并非仅仅是四梢，而是出击发力点。太极拳要求周身任何部位都能够发力，把肢体整合为一体、集全身之力于一点发出，爆发力巨大。在军事上是集中绝对优势兵力，断其一指歼其一部的战法，具有极强的震慑力。

太极拳心谭

太极汉语110句

意 魂

The Soul of Taijiquan

 52. 意　魂
52.The Soul of Taijiquan

"意"指意念、意识，大脑的功能。意念在太极拳修炼中占据核心地位，是太极拳的统帅与灵魂。太极拳之意需要修炼方可得之，太极拳练意，须心静。心静是练意的基础，也是太极拳的根本所在。心静，思想集中，意念专一，精神贯注，排除杂念。心为意的主体，意是主体发出的信息。用意，以意识指导动作，意动形随，以意领气，气到劲到。太极拳练意，须松到位。意，防御与攻击之意，练功时"无敌似有敌"，遇敌时"有敌似无敌"。太极拳意的修炼路径入静，放松，顶悬，中正，腰主宰，守丹田，分虚实，求开合，用折叠，内外相合，相随贯串，连绵不断，粘连黏随，用意不用力。意在不同的人不同阶段有不同的内涵，初学者，意为图（太极拳的规范的线路图，即不同流派的套路）；入门招熟后，意为理（太极之理，太极拳之理）；神明阶段，意为无，身心合一，天人合一，随心所欲不逾规。

第七章
Chapter 7

学习太极拳

The Study of Taijiquan

太极拳心谭

太极汉语110句

找对师傅,求形似
Learning from a right master to acquire formal similarity

53. 初学找对师傅，求形似
53. Learning from a right master to acquire formal similarity

  初学太极拳首先要找对师傅，找明师、名师，太极拳靠自学是很难的。入门一定要在老师的指导下规规矩矩地学习，按太极拳基本要求，拆招习练，一个动作一个动作地规范，掌握要领，慢慢体会，做到外形规范。初学太极拳秩序为套路、站桩、推手、再器械。初级阶段多有"昨夜西风凋碧树，独上高楼，望断天涯路"的笨拙与困惑，处于看山是山，看水是水的原始状态。

入门刻苦训练，求神似

Practicing hard to acquire spiritual similarity

 54. 入门刻苦训练,求神似
54.Practicing hard to acquire spiritual similarity

  太极拳入门容易,神似难。此阶段主要学习身法。经过千万次的勤学苦练,逐步体验心得,基本要领做到心知,身知,成为肢体习惯,肢体动作成为自然。中级阶段多有"衣带渐宽终不悔,为伊消得人憔悴"的庆幸与锲而不舍的追求,处于看山不是山,看水不是水的笨拙状态。

太极拳心谭

太极汉语110句

入境随心所欲，不逾规

Following the dictates of the heart without overstepping the boundaries of right

 55. 入境随心所欲，不逾规
55.Following the dictates of the heart without overstepping the boundaries of right

随心所欲，不逾规，是太极拳的最高境界，此阶段主要学习内劲。达到虫蝇不能落，一羽不能加，彼不动我不动，彼欲动我先动的懂劲状态，以及人不知我，我独知人的神明境界。高级阶段多有"众里寻他千百度，蓦然回首，那人却在灯火阑珊处"的兴奋与自豪，上升到看山是山，看水是水的高级状态。

第八章
Chapter 8

传承
太极拳

The Inheritance
of Taijiquan

太极拳心谭

太极汉语110句

56. 模式：家传秘传为家业
56. The Way of Inheritance: the Secret Inheritance in the Family

太极拳问世初创阶段是家传秘传的传承方式，因为在冷兵器时代太极拳被视为家宝，是事关家族生死存亡依赖的利器，犹如当代国家掌握了核武器，就有了安全保障的依靠。故有杨露禅偷拳之说，传男不传女的故事，传女怕外传，丢失家宝。家传秘传太极拳有利有弊，其利是父传子，太极拳的技击功能会很好地传承下来，因太极拳传承需要口授身教示范，教者毫无顾虑，毫无保留，学者刻苦认真，唯恐家宝丢失，教者与学者都从关乎太极拳家宝能否传宗接代的高度认识太极拳，教授太极拳，学习太极拳，真传秘技能够完整传承并能在传承中创新完善。家传秘传的弊端，竟验证了"事不过三，富不过三代"的中国古训，家传往往传拳三代之后就可能遇到不喜欢不爱好太极拳的晚辈，或悟性不高，或家无男丁，几代人心血汗水积累的瑰宝可能会付之东流而失传。更重要的是太极拳为国术瑰宝，家传秘传的方式传播慢，普及面窄，惠及民众度小。太极拳的家传秘传方式依然保留着，家传秘传的后代被称为嫡传。

太极拳心谭

太极汉语110句

128

 57. 社会设馆授徒为职业
57.Establishing Wushu School to Teach Disciples

  社会设馆授徒是职业，是太极拳传承中的第二种方式。随着热兵器的产生，太极拳的技击功能，逐步退出历史抗争厮杀的主舞台，太极拳家族保密必要性降低。身怀太极拳绝技的大师为了生存，必须走出家门，走向社会，开始设馆授徒。设馆授徒传授太极拳成为职业。谁要想学拳必须拜师行大礼，举行拜师仪式，三拜九叩，缴纳学费。徒弟必须吃住馆内，耳濡目染，学拳习艺，刻苦练习。设馆授徒较家传秘传传授面大，速度快，但也存在像武侠小说中描述的师傅必须留一手，防止徒弟图谋不轨，以保命保位，传拳往往会将拳术秘诀要点丢失。设馆授徒的徒弟被称为师传。

太极拳心谭

太极汉语110句

 58. 高校科学传承创建专业
58.Scientific Inheritance as Majors in Colleges and Universities

　　太极拳价值成为国家民族文化瑰宝的共识已经形成，时代提出了传承方式变革呼声，提出了对太极拳文化内涵挖掘开发的要求，一些高校进行了尝试，作为体育运动项目，开设太极拳课程，太极拳的传承大大前进了一大步。邯郸学院地处太极拳六分天下生其四的邯郸，有得天独厚的太极拳资源；邯郸学院人有为国家民族复兴勇于担当的使命责任；有邯郸民众热爱太极拳、习练太极拳的浓厚的社会氛围。邯郸学院人以中国立场，世界眼光，人类胸怀，认真审视寰球发展大势，认真分析太极拳文化发展趋势，认真把握高校发展形势，果断地义无反顾地选择了太极拳文化进高校传承，2010年首创太极文化学院，领全国高校之先，2011年首招太极拳专业本科生，把太极拳文化传承列为邯郸学院特色发展战略，举全校之力推进太极拳文化科学化传承。

59. 流派：陈式太极拳
59.Styles of Taijiquan: Chen-style Taijiquan

陈式太极拳由河南省温县陈家沟陈氏家族所创，定型于明末清初，陈氏第九世陈王廷被后人尊为创始人。所创老架路五套，陈式世代传习、演化，又增新架路二套。经过精心编排，动作速度和强度、身法劲道也有所不同。

第一路动作简单，柔多刚少，以"掤捋挤按"四正劲的运用为主，以"採挒肘靠"四隅手的运用为辅。柔中寓刚，行气运动，以缠丝劲的锻炼为主，发劲为辅。全身内外，动分静合，一动俱动，体现柔缠中显柔、缓、稳的特色；

第二路（炮捶）动作复杂，急速紧凑，刚多柔少，用劲以"採挒肘靠"为主，以"掤捋挤按"为辅；以刚发劲为主，蹿蹦跳跃，腾挪闪展，震足发劲。刚中寓柔，体现柔缠中显刚、快、脆的特点。

陈式太极拳的锻炼原则和练法还要求：意、气、身三者密切配合，以意行气，源动腰脊，旋腰转脊，节节贯穿。在推手中以缠绕粘随为主，"纵放曲伸人未知，诸靠缠绕我皆依"，在粘贴缠绕过程中，运用掤、捋、挤、按法则，借力制动，舍己从人，听劲懂劲，发劲制敌。

 60. 杨式太极拳
60.Yang-style Taijiquan

　　杨式太极拳是河北省永年县广府人杨露禅创立。现在流行的传统杨式太极拳式以杨露禅嫡孙杨澄甫晚年的拳架为标准，共有三十七个基本动作，传统套路称为 85 式、或 91 式、108 式、115 式等，套路基本动作相同，只是在重复动作上有多少之别和顺序不同。架势以舒展端正，柔和绵长，动作和顺简洁，速度均匀，如行云流水，绵绵不断，整个架势结构严谨，中正圆满，轻灵沉着，浑厚庄重，练法简易，由松入柔，积柔成刚，刚柔相济。正如杨澄甫所说："太极拳是柔中寓刚，绵里藏针的艺术"。拳架势有大、中、小之分。

　　杨澄甫将杨式太极拳的练法总结为十要，即：虚灵顶劲、涵胸拔背、松腰松胯、分虚实、沉肩坠肘、用意不用力、上下相随、内外相合、相连不断、动中求静。杨澄甫删改了原有的纵跳、震足、发劲等动作，定为杨式大架子，即现在广为流行的杨式太极拳。

61. 武式太极拳
61. Wu-style Taijiquan

武式太极拳是由河北永年广府人武禹襄在杨式太极拳、赵堡太极拳基础上创立的。武式太极拳既不同于赵堡太极拳，亦不同于杨式大架和小架，学而化之，自成一派。其动作简洁紧凑，架势虽小而不局促，动作舒缓平稳，出手不超过足尖，收时不紧贴于身，左右手各管半个身体，不相逾越。胸部、腹部的进退旋转始终保持中正。步法严格，分清虚实，小巧灵活，迈步时足跟先着地，然后再徐徐放下全足踏平。弓步前腿膝盖不得超过足尖，后腿不挺直高拔。拳势讲究起、承、开、合，动作连贯顺遂，用内功的虚实转换和内气潜转来支配外形，神内敛，先在心，后在身，以心行气，以气运身，意动身随，意动气随，意到气到，意到劲到，意劲相合，达到意、气、形三者合一。

62. 吴式太极拳
62.Woo-style Taijiquan

  吴式太极拳源于杨式太极拳，是河北省大兴县人（今属北京市大兴区）全佑与其子吴鉴泉创立。其特点以柔化著称，动作轻松自然，连续不断，循规蹈矩，松静自然，独具静态之妙。拳架虽小巧，但有大架功底，开展而紧凑，紧凑中自具舒展，不显拘束。推手时，端正严密，细腻熨帖，守静而不妄动，以善化见长。

63. 孙式太极拳
63. Sun-style Taijiquan

孙式太极拳源于武式太极拳，是河北省顺平县人（原完县）孙禄堂创立。其特点是进退相随，迈步必跟，退步必撤。动作舒展圆活，敏捷自然，练时双足虚实分明，全趟练起如行云流水，绵绵不断。每转身时以"开"、"合"相接，又称"开合活步太极拳"。

64. 和式太极拳
64.He-style Taijiquan

和式太极拳是河南温县赵堡镇太极拳名家和兆元创立，因地域亦被称为赵堡太极拳，是赵堡太极拳的一个支脉。和式太极拳除具有一般太极拳的要点外，在理论、技术技法、强身养生方面有其独特之处，周身处处走圆，自然圆活。强调理法自然，处处顺其自然合乎自然，自然而然，形成轻灵圆活，顺遂自然的特色。

65. 新流派
65.New-style Taijiquan including

太极拳好被世人所共识，太极拳广为传播，习练太极拳的有心者，在习练、体悟、发现的基础上，依据太极拳基本原理，创编出别具一格的新的太极拳套路，成为新的流派。太极拳传播呈现出百花齐放、百家争鸣的大好局面。现介绍5个新流派。

内经太极拳
Nejing Taijiquan

郭毅刚，邯郸人，太极拳世家，中医世家，自幼习练杨式太极拳，后悉心研究《黄帝内经》，创编了内经太极拳。内经太极拳以太极十三势为基础，创编了一些难度较大，且非常适用的手法、腿法、肘法、靠法，从搏击和健身，特别是健身的角度，把太极拳的技艺提高到了一个新的高度。打起来虽然难度大一些，但健身效果是很好的。内经太极拳在五行中属水。其特点是柔弱似水，无形无相，如水中之鱼，云中之鹤，忽隐忽现，注重深藏不露。以顺和天下为目的，以健康、长寿、快乐为追求。搏击特点舍己从人，如影随形。以沾、连、粘、随，不丢不顶为技术要点；以一羽不能加，虫蝇不能落，以小博大，以弱胜强，以人不知我，我独知人为追求境界。

王其和式太极拳

WangQihe-style Taijiquan

　　王其和，邢台市任县人，创编了王其和式太极拳。王其和自幼好武，遍访名师，学习外家拳，少有敌手，后到广府拜郝为真为师，学习武式太极拳，尽得真传。又师从太极大师杨澄甫，深得器重。经王其和先生揣摩、研究太极拳，尤其在武、杨两家太极功夫的相互吸收、融合上，更是悉心体悟、矢志揣摩。他结合自身独到的体会，将众家之长融会贯通，在武式太极拳的基础上，吸收杨氏太极拳"舒展大方，圆活飘逸"的特点和打法，对拳理、拳势进行了融合，逐渐形成了一支形神兼备、练用结合、独具特色的太极拳套路。这套拳路具有"步法灵活，转化自如；下盘结构严谨，轻灵沉稳；上身舒展大方、匀缓柔和"的特点。拳理上总结出："德、真、悟、恒"四字修炼要旨；"正、静、顺、轻、松、柔、圆、活、灵、空"十字要诀；"浑圆劲的境界修炼"，"散手战略战法"，"内修门径"，"松柔、知觉、内劲"三大功夫。极大丰富了太极拳的理论。李剑方是其当代代表性传人大师。

卢氏太极拳

Lu-style Taijiquan

卢鸣金，邯郸市广平县人，创立了卢氏太极拳。其特点：敛神收心，稳意养气，阴阳互会，环环相扣，连绵不断。运动中讲究柔中寓刚，刚中寓柔，站如山动如雷，轻柔似杨柳扶风，沉重如霹雳当空。而且其太极拳还有架势低、下盘稳，长功快，不出偏，身法灵动，步活臂长，闪战快捷等特点。对打竞技，要求"舍己从人，被中求顺，以静待动，意在人先"。

易太极

Yi-style Taiji

易太极创始人黄忠达，上海人，以陈氏太极拳为基础，博采众家之长，精研经典拳论，结合易经的阴阳之理，中医的经络学说，道家的导引吐纳之术，通过继承和发展，根据现代人的身体状况和习练条件，以人体生理特点为依据重新规范每个动作，制定标准，将以往太极拳动作缺少准确性，无法验证转变为可检验的标准化教学。"易太极"运用科学化的标准为繁杂的太极拳做一次减法。以太极阴阳之理为根本，人体生理特点为依据，建立了科学化、标准化、系统化的太极拳学习体系。通过科学的体系与规范标准的练习，使得太极拳"易学易练，易懂易悟"，按照规范的标准练习就能感受到太极拳"节节贯穿、虚实变化、以柔克刚"的特点以及"差之毫厘，谬以千里"的神奇。

青城太极

Qingcheng-style Taiji

青城太极原名青城玄门太极拳，为青城派历代掌门人秘修之养生技击绝技，现由青城派第36代刘绥滨开始对外传播。过去为道门秘不外传的养生诀窍，有单指相接，多指相接，指端叠接，指掌叠接，手指涌动，屈指翻掌等多种方式。并运用指掌捧气，托气，按气，推气，合气，吐气，拉气，插气，抓气，旋气等独特的练功方法，达到形神兼备，天人合一，"无为无不为"的浑圆功能。青城太极不强调"起于踵"，而注重"形于指"。验证了太极理论内核中的逆向思维，具有非常的人体反向调节作用，是道家养生学"顺则人，逆则仙，只在其中颠倒颠"精髓的具体体现，青城太极特点除外在轻灵飘逸，还有内在的结印、蛹动、拉筋。

太极拳心谭 / 太极汉语110句

王宗岳
Wang Zongyue

66. 人物：王宗岳
66.Characters: Wang Zongyue

王宗岳，有资料说是明万历年间山西太谷县小王堡村人，内家拳名家。是太极拳传承中一个里程碑式的重要人物，尤其在拳的理论上颇具创新，精通拳法、剑法、枪法，研究数十年，颇有心得。所著《太极拳论》，为太极拳经典理论。

太极拳心谭

太极汉语 110 句

陈王廷
Chen Wangting

 **67. 陈王廷**
67.Chen Wangting

陈王廷（1600—1680），字奏庭，河南省温县陈家沟人。好拳习武，明武庠生，清文庠生，陈式拳的创始人，研究整理各家拳法，创造了陈式太极拳。陈王廷把武术中的手、眼、身、法、步的协调运作，使意识、呼吸和动作三者密切结合，成为"内外合一"的内家拳。他创编的内家拳具有阴阳开合、虚实转换、刚柔相济、快慢相间的特点，老少咸宜，既有实战功能，又能强身健体。内家拳依太极之理，由无极至太极，由无相而生有相，由静而生动，每个招式均分阴阳（即虚、实、柔、刚），动作多以弧形、曲线为基础。此拳，结合了导引、吐纳，加强了柔化刚发的力量；结合了经络学说，具有了缠绕运转的缠丝劲；依阴阳学说，创立了阴阳、虚实、柔刚俱备的拳理。陈王廷创立的陈式太极拳，共分五路和炮捶一路、一百零八势长拳及双人推手等。又据此理创编了刀、枪、剑、棍、锏、双人粘枪等器械套路。太极拳的粘连黏随、不丢不顶、柔中寓刚、无过不及为基本原则，成为独有的竞技方法，解决了不用护具设备，也可以练习徒手搏击技巧，和提高刺枪技术的难题，具有划时代意义的创造性成就。陈王廷的《拳经总歌》，总括了其所创拳路的法理。

68. 杨露禅
68.Yang Luchan

杨露禅（1799—1872），河北永年人杨福魁，字露禅，创立了杨式太极拳。杨露禅自幼爱好武术，后师从陈长兴，十八年间三下陈家沟，深得陈式太极拳精髓。先在家乡永年教授太极拳，后被人推荐去北京授徒。因武艺高强，号称"杨无敌"。他在北京授拳时，为了简单易教易学，把一些高难度功架简化为姿势简单，动作柔和并易学易练。后经其子、孙修改，定型而成杨式太极拳，发展成大小架两种套路。其特点是：柔和缓慢，舒展大方，速度缓匀，刚柔内含，深藏不露，轻沉兼有。此拳一出，影响极大，学者日众，至今成为习练人数最多的太极拳流派。

 **杨澄甫**
Yang Chengfu

杨澄甫（1883——1936），字兆清（杨露禅之孙），生于北京，师从其伯父杨班侯、父亲杨健侯太极拳名家。1912年，杨澄甫在北京中山公园设立拳场，公开传授杨式太极拳剑刀枪。民国时期在南京中央国立国术馆任太极门门长、浙江国术馆教务长，专职太极拳教师。经杨澄甫修改定型，成为目前流传最广的太极拳套路。杨澄甫定型杨式太极拳架对于传播太极拳具有里程碑式的意义。著有《太极拳体用全书》经典名著。

 **69. 武禹襄**
69.Wu Yuxiang

　　武河清，字禹襄（1812—1880），号廉泉，清代直隶广平府人，创立武式太极拳。禹襄出身望族，博览群书，有文炳然。武禹襄终生不仕，专事研究太极拳，著有《十三势行功要解》、《太极拳解》、《太极拳论要解》、《四字秘诀》、《身法八要》、《十三势说略》等传世论文，成为太极拳理论泰斗。武禹襄武学，以气贯串，"气"字用于武术，武禹襄发扬光大。"立定脚根竖起脊，拓开眼界放平心"，是武禹襄宗师故居上房的一副对联，既是习练太极拳必须遵循的准则名句，也是太极拳人做人做事处世的行为准则。

 李亦畬
Li Yiyu

　　李经纶，字亦畬（1832—1892），清代直隶广府望族。亦畬年二十二，始从母舅武禹襄学太极拳，身体力行者二三十年，仿禹襄总结经验体会之法，随时记录，粘贴于墙壁，一再修订，最后整理成文，著有《五字诀》（心静、身灵、气敛、劲整、神聚），《撒放秘诀》（擎、引、松、放），《走架打手行工要言》，《太极拳小序》及跋。将王宗岳太极拳谱、武禹襄太极拳论和李亦畬自己的太极拳论文手抄三本，一自存，一交弟启轩，一交徒弟郝和（字为真，1849—1920），俗称"老三本"，成为太极拳经典拳论。

 **70. 吴全佑**
70.Woo Quanyou

　　吴全佑（1834—1902），北京大兴人，清朝旗人，满姓乌佳哈拉，为吴氏太极拳的奠基者。全佑学拳于"杨无敌"之称的杨露禅，但因杨露禅弟子中有当时的王公贵胄，全佑不便与王公贵胄同辈，故杨露禅命全佑拜于其次子杨班侯门下，实际上则仍由杨露禅亲自教授。

 **吴鉴泉**
Woo Jianquan

　　吴鉴泉（1870—1942），又名爱伸，满族，后从汉姓吴。全佑之子。自幼秉家学，在其父的拳架的基础上逐步修改，形成松静自然、架势紧凑、缓慢连绵、不纵不跳、长于柔化的吴式太极拳。

 **71. 孙禄堂**
71.Sun Lutang

　　孙禄堂（1860—1933）名福全，字禄堂，河北顺平县北关人，清末民初蜚声海内外的著名武学大家，堪称一代宗师，在近代武林中素有虎头少保、天下第一手之称。自幼酷爱武术，从师学形意拳，又从师学八卦掌。经多年研练，功夫深厚。后师从武式太极拳名师郝为真学太极拳，参合八卦、形意、太极三家拳术的精义，融合一体而创"孙式太极拳"。

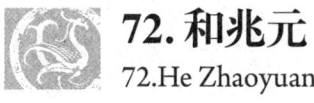

72. 和兆元
72.He Zhaoyuan

　　和兆元（1810–1890）河南省温县赵堡镇人，太极拳名师陈清平的入室弟子。1836年进京供职，在京期间，他广交武林同道，切磋交流，集思广益，反复实践，和兆元提出："由外带内，周身顺遂浑圆，由内达外，阴阳变易莫测"的理论。制定出一套集拳架、推手、散手为一体，三者互为检验印证，寓技击、修身、养身于一道，既保持赵堡镇原传太极拳传统又独具特色的新型太极拳理拳法，即和式太极拳，因地域因素又称为"赵堡太极拳"。

第九章 Chapter 9

核心价值 太极拳

The Core Value of Taijiquan

太极拳心谭

太极汉语110句

技击为根，源头搏击
Fundamental Source in the Art of Attack and Defense

 **73. 技击为根，源头搏击**
73. Fundamental Source in the Art of Attack and Defense

太极拳初始功能是由搏击而诞生，技击是太极拳的根源。太极拳的技击有别于别的任何拳种，它不是单单靠力量，而是运用阴阳虚实，动静柔刚变换，借力打力，引进落空，以弱胜强，牵动四两拨千斤，以智取胜，成为搏击的艺术。

太极拳心谭

太极汉语110句

健身为用，普世共享

Taijiquan's Benefits to Physical and Mental Health Enjoyed by the World

 **74. 健身为用，普世共享**
74.Taijiquan's Benefits to Physical and Mental Health Enjoyed by the World

随着社会进步，科技发展，热兵器兴起，冷兵器逐步退出历史舞台，太极拳的技击价值也随之衰退，在太极拳内蕴含的健身功能价值逐步成为太极拳的主要表现形式，适应社会需求，杨式太极拳的第三代传人杨澄甫完成了这个历史任务，成为太极拳发展史上又一个里程碑。使得太极拳成为广受社会欢迎的、健身益智、利己利人并具有普世价值的运动形式。

太极拳的"放松、入静、用意"具有消除浮躁去除郁闷的特殊功效。浮躁郁闷成为现代人的流行病，忧郁症威胁着人类健康。西方人和东方人的目光共同集中到中华文化瑰宝——太极拳上，认为太极拳是治愈现代病的奇丹妙药。英、美健康研究机构经过30余年研究，证明太极拳可以消除浮躁，可以解闷疗郁，可以预防和治疗老年痴呆症，防治骨质疏松，为此向本国国会建议，在本国推广太极拳。国际著名功夫影星李连杰喊出了：你想健康吗？练太极！你想快乐吗？练太极！你想幸福吗？练太极！

太极拳以入静平息浮躁，以意念消除忧郁。坚持习练太极拳者被证明，太极拳确实具有健身益智、利己利人的普世价值。"匀速运动，低碳方式，有氧锻炼，平静心态，和谐境界，美的享受"，是笔者对太极拳健身功能价值体悟的描述。

文化为魂，循道而行

Originated in Culture and Formulated by Taoism

 **75. 文化为魂，循道而行**
75.Originated in Culture and Formulated by Taoism

太极拳以简单的肢体语言承载着厚重的文化内涵，太极拳的拳法奉行的理念，拳理遵循的准则，拳架设计的依据都浸透着闪烁着中国文化的精髓，成为太极拳的灵魂。

太极拳拳理以"意"为统领。知难行易是中国文化一个重要思想，知是思，知是想，知是意念，知重于行，知先于行。太极拳要求意念统领拳架，用意不用力是太极拳习练准则，意在身先，身未动意已动，推手时意在感觉、感知、侦察对手意图，实现人动我动，人不动我不动，人欲动我已动，后发先至，皆是意念统领奇妙之效。懂劲是意念最精妙的表现。打套路练架子只有意念统领才有意义，才能达到预定目的；站桩时只有意念才有站桩效果；推手散打只有意领方可有听劲懂劲神明，制敌于死地。意即心也，只有心知才能有身知，进而达到神知，随心所欲不逾规的神奇之妙。即有太极拳论："由懂劲阶及神明"之说。

太极拳拳架以"整"为准则，讲求"周身一家"。天人合一是中国文化、中国思维最重要的思想准则，中国人看事物，想事情，干事业皆遵循从整体从全局从系统思考的思维准则。太极拳习练时要求一动俱动，一静俱静，练的是全身功夫，以求全身协调轻灵敏捷；之所以在我顺人背，牵动四两拨千斤时发劲，能有神奇之效就是神明、得机、得势、整劲的作用。

第十章 Chapter 10

品质太极拳

The Quality of Taijiquan

太极拳心谭

太极汉语 110 句

以和为求

In Pursuit of Harmony

 **76. 以和为求**
76.In Pursuit of Harmony

　　太极拳拳法以"和"理念立意。"和"是中国文化的核心理念，和谐、和平、和顺、和美、和睦、和气、和悦贯穿文化全领域的方方面面。太极拳的意念、套路、推手、站桩等练功夫，对习练者自身要求必须意念专一，放松入静，中正安舒，阴阳动态平衡，实现自身和谐。奉行中正，尊重对手，舍己从人，不先发制人，不以拼搏厮杀打败为目的，追求不战屈人之胜境界。太极拳法立意是对内求和谐，对外求和平，和是太极拳拳法理念立意的出发点和落脚点。

太极拳心谭

太极汉语110句

中正安舒

Upright Body and Peace of Mind

 ## 77. 中正安舒
77.Upright Body and Peace of Mind

太极拳锻炼的最高境界就是安舒，自己感觉舒服，他人看得舒服。安舒的基点是心平气和、重心恰当、不贪不欠、犹过不及、不丢不顶、身架中正；心平气和而得安，身法中正而得舒。中是心要守中（神内敛），四椎（颈椎、脊椎、腰椎、尾椎）自然垂直，行拳轨迹符合太极拳圆弧运动特点，身架符合太极拳诸多要求，由此得正。中是体，正是果。正就是不偏不倚，但有折叠。中正安舒首先要尾闾中正。中正安舒是太极拳练习的基本规则，练拳过程中自觉不舒服、膝盖痛、眉头重、呼吸急促、脊背痛等现象，究其原因是违反中正安舒的规则。

太极拳心谭

太极汉语110句

不涉险地
Avoiding the Dangerous Situation

 **78. 不涉险地**
78.Avoiding the Dangerous Situation

不涉险地是太极拳的基本品质。行拳走架，技击交手中必须把握，攻击或防守时不贪不过不欠不歪不斜不凸不凹，不进入被对手掌握、被击打的危险之地，始终保持中正有利态势，打我时找不到，我打你时跑不掉。要达到不涉险地功夫须在名师指导下，用心体悟，非下苦功夫不可能获得不涉险地品质境界。何尝做人做事不是这样？历朝历代哪一个贪官被抓不是因为过贪，使自己处于危险境地吗？

太极拳心谭

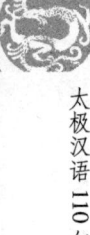

太极汉语110句

过犹不及
不贪不欠

Free from Excess and Deficiency

 **79. 过犹不及，不贪不欠**
79.Free from Excess and Deficiency

过犹不及，不贪不欠是太极拳的一个重要品质。要求习练太极拳时，意念、神气、动作必须正确规范，准确到位。过、贪则失度，失去重心，可能被引进制服；不及，则欠火候，可能被逼退或被击中。过与不及，贪与欠一样都可能被制服，达不到克敌制胜、战胜对手、锻炼身体、修身养性之预期。过犹不及，不贪不欠正是儒家倡导的中庸之道。现实社会、为人处世的生活中极左与极右都没有好的效果。过犹不及、不贪不欠既是习练太极拳追求的品质，更是做人做事做学问的基本品质要求。

第十一章
Chapter 11

思维太极拳

The Thought of Taijiquan

太极拳心谭

太极汉语110句

用整劲的全局思维

An Integrated View of Applying an Integrating Force

80. 用整劲的全局思维
80. An Integrated View of Applying an Integrating Force

太极拳功夫讲究内外相合，上下相合，神形相合。整劲力量之根在脚，发于腿，主宰于腰，行于手指是全局思维意念的体现。无论健身习练套路，修炼功夫站桩，还是技击、推手、散打、对抗都是在全局思维意念引导下，运用的是整劲，功效十分奇妙。不谋全局者，不足以谋一域。战争的艺术正是运用全局思维，动用整体力量攻其一点薄弱环节，出奇制胜，这正是太极拳神妙之处。

一动俱动、一静俱静的系统思维

A Systematic View of Successive Motion or Successive Stillness

81. 一动俱动、一静俱静的系统思维
81.A Systematic View of Successive Motion or Successive Stillness

太极拳功夫讲究系统协调联动。习练时要求一动俱动，一静俱静形成系统劲道，身形身心不能分离独立运动。系统训练形成系统意识，系统劲道。健身系统协调性训练，对于老年人防跌倒有很强的预防作用。技击系统协调训练，一动俱动、一静俱静将会产生巨大的爆发力。系统思维训练，需要心知身知到习惯到随心所欲的过程，非有名师口授不能懂得，非用心体悟不能收获，非下苦功不能实现。

反者道之动的逆向思维
A Reverse Thinking of Dao's Returning Motion

 82. 反者道之动的逆向思维
82. A Reverse Thinking of Dao's Returning Motion

  太极拳功夫讲究欲上先下，欲下先上；欲右先左，欲左先右；欲退先进，欲进先退的逆向思维。欲，目的也，先着（zhao）是佯攻，是迷惑，是诱饵，是侦察，是蓄劲也，目的是诱彼发力，诱彼破绽。反者道之动出自《道德经》，其意是上下、前后、左右为"对立统一"的，任何一方面都不能孤立存在，而须相互依存、互为前提、互为转化。

太极拳心谭

太极汉语110句

舍己从人的后发制人思维
The Defensive Thinking of Giving up Oneself to Follow Another

 **83. 舍己从人的后发制人思维**
83.The Defensive Thinking of Giving up Oneself to Follow Another

　　舍己从人是太极拳功夫在训练与对决时遵循的思维方式。太极拳主张不主动出击，不首先发力，不丢不顶，粘连黏随。对手打来"从人"将力引走化掉。舍己从人是在对决中创造得机得势，一旦得机得势即发力后发制人。

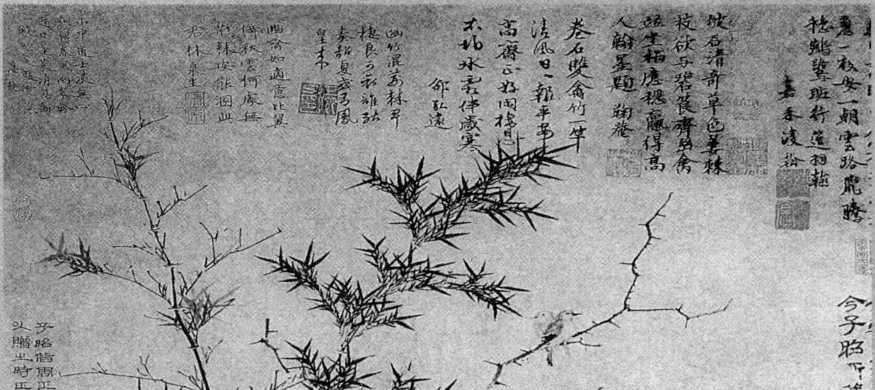

太极拳心谭

太极汉语110句

不丢不顶的寻找机遇的感知思维

Looking for Opportunity with No Releasing and No Resisting

84. 不丢不顶的寻找机遇的感知思维
84.Looking for Opportunity with No Releasing and No Resisting

不丢不顶，丢者，离开也；顶者，抵抗也；即不脱离、不攘先、不落后之谓也。

不丢不顶出自王宗岳《打手歌》"引进落空合即出，粘连黏随不丢顶"。"不丢"是指推手时手臂不离开对方，"不顶"是指推手时丝毫不与之对抗。在推手实践中，"不顶"是人进我退、人刚我柔的动作，但不是置己于被动地位任人摆布，而是主动地去适应对方的动作，顺彼伸我屈，引对方前进而落空。"不丢"是人去我随的动作，在粘住对方随彼屈我伸的同时，寻找、创造击改对手机遇的思维。

太极拳心谭

太极汉语110句

粘连黏随的洞察彼意彼势的感知思维
An Observation of the Other's Intention and Force in "Nian Lian Zhan Sui"

85. 粘连黏随的洞察彼意彼势的感知思维
85. An Observation of the Other's Intention and Force in "Nian Lian Zhan Sui"

粘连黏随是太极拳基本要领。粘,交手时用自己的肢体与对手接触拈住,顺势引其悬空,使其自动失其重心,其根自断,是谓粘劲。连,贯穿之谓,手法毋中断、毋脱离,接续绵绵,无停无止,无休无息,是谓连劲。黏,即黏贴之谓,彼进我退,彼退我进,彼浮我随,彼沉我松,丢之不开,投之不脱,如黏似贴,是谓黏劲。随,随者,从也。缓急相随,进退相从,不弃不离,不先不后,舍己从人,察势而动,是谓随劲。此为知觉运动的听劲,洞察彼意彼势的感知思维,须细心体察,经久磨炼。此为懂劲的状态,心理上要清静、从容,肢体上要松柔、沉稳、机灵、整劲。

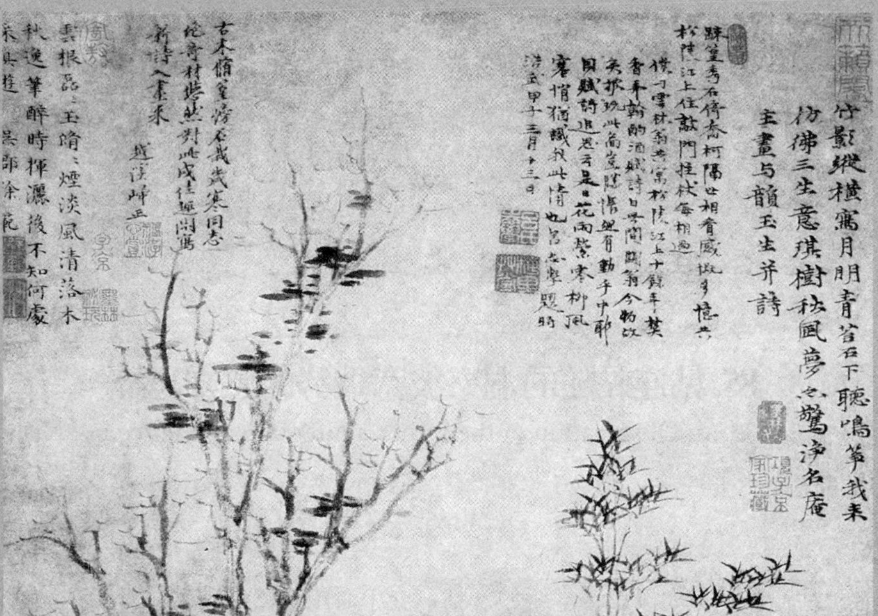

我顺人背的牢牢掌握主动权
创造机遇胜敌思维

The Thinking Pattern of Combating to Conquer by Having the Initiative in Hands

 **86. 我顺人背的牢牢掌握主动权
　　　　创造机遇胜敌思维**

86.The Thinking Pattern of Combating to Conquer by Having the Initiative in Hands

太极拳讲究掌握主动权。谓之"人刚我柔谓之走，我顺人背谓之粘"。"人刚我柔"为"走化"，使对手出击无功，收势后退时，我则顺势而进"粘"，即发劲。从"走"到"粘"，是一个从弱势转强势取得主动权的过程。

第十二章
Chapter 12

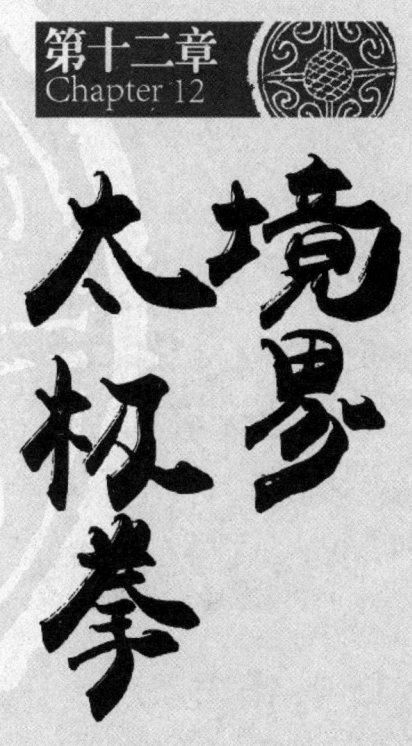

境界
太极拳

The Artistic State of Taijiquan

太极拳心谭

太极汉语110句

练就精气神
Practice of Essence, Energy and Spirit

87. 练就精气神
87.Practice of Essence, Energy and Spirit

精气神是人先天的元精、元气、元神，构成中国传统养生和生命学说的重要部分，是人体的三种能量。精，是人体的本原，"两精相搏人始生"；气，是维护人体生命活动所必需的精微物质，是推动人体脏腑组织机能活动的动力，它既是物质的代称，也是功能的表现。中医概念的"气"又是人生命的根本；神，是指人体的一系列精神意识、思维活动，为心（相当于现代医学的大脑）所主。心为人体的最高司令官，神则居其首要地位，神为主宰。精藏在肾脏、显在神；气运动在肺脏、在心脏，显在周身循环系统；神在大脑，在心，显在目光。

精、气、神乃人体三宝。保养好精、气、神是人健康生活的重要保证。精、气、神虽各具其特性，但三者是不可分割的一个整体，一荣俱荣，一损俱损，存则俱存，亡则俱亡。

习练太极拳能够保养好精、气、神。其途径意识导入，要领导人，用意、入静、放松。"寡欲以养精，寡言以养气，寡思以养神"，打通路径，习练者进入太极状态，心情愉悦，神怡气爽，血流顺畅，通则不痛，消灾祛病。天天打打太极拳，炼精化气，炼气凝神，健康人生。杨澄甫讲打太极拳"心不老，春常在"。打手歌曰：欲天下豪杰延年益寿，不徒作技艺之末也。

太极拳心谭

太极汉语110句

修得品行思

Practice of Morality, Action and Thinking

88. 修得品行思
88.Practice of Morality, Action and Thinking

品：品质，品德，品格，品味，人的内在素质；行：行为、作为，人品德的外在表现；思：即思维，思想方式方法，也即人的宇宙观、人生观、价值观。思维是高级的心理活动形式，人脑对信息的处理包括分析、抽象、综合、概括、对比的系统和具体的过程。太极拳的思维起码包涵：全局思维、系统思维、逆向思维、感知思维等。

太极拳是修成品行思的方法、路径与过程：练习太极拳的中正安舒、不偏不倚、无过不及，粘连黏随，不涉险地，着熟懂劲阶及神明养成了良好的思维习惯，促进人的品行的升华和完善；练整劲训练全局思维，练和合协调培养系统思维，练欲左先右，欲右先左，欲上先下、欲下先上、欲进先退，欲退先进锻炼逆向思维，练听劲懂劲提升感知思维。

太极拳·心谭

太极汉语 110 句

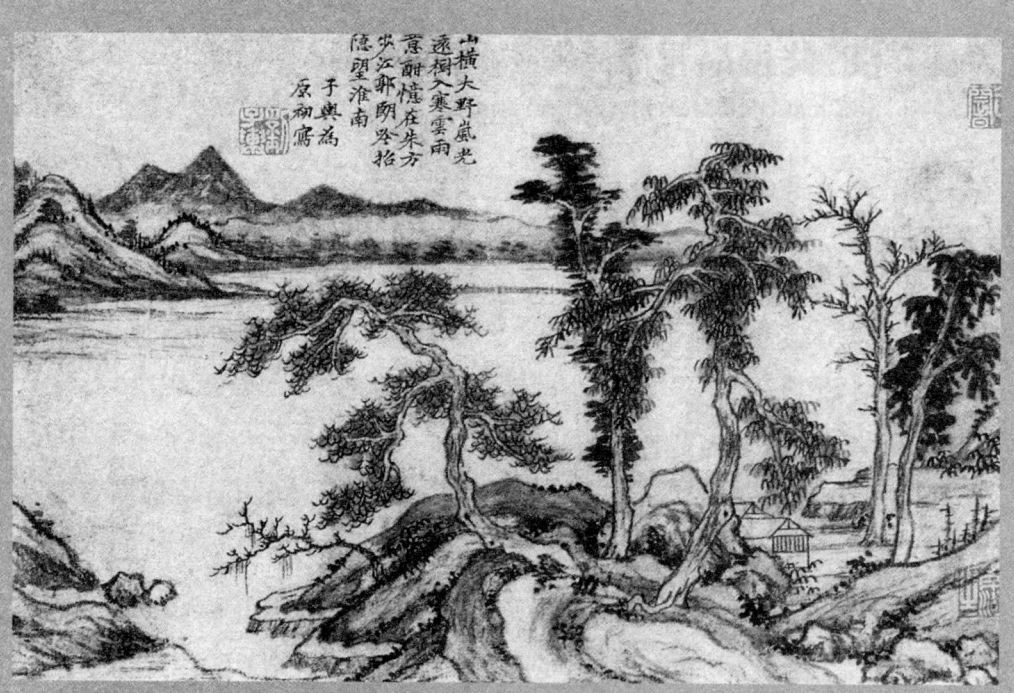

追求韵境道
Pursuit of Charm, State and Principles

89. 追求韵境道
89.Pursuit of Charm, State and Principles

韵：韵味、情趣、灵感也。太极拳的运动特点：中正安舒、轻灵圆活、松柔慢匀、开合有序、刚柔相济，动如"行云流水，连绵不断"。这种运动既自然又高雅，可体会到音乐的韵律，哲学的内涵，美的造型，诗的意境。在高级的享受中疾病消失，身心健康快乐。

境：界也，意也，景也，情也。凡成功者须经三重境界。一是入门阶段境界，初学太极拳看似简单，实则不易，处于"昨夜西风凋碧树，独上高楼，望尽天涯路"之困惑。坚信太极拳好而坚持不懈，决心立志习练太极拳。二是招熟阶段境界，习练太极拳锲而不舍、执著苦练，坚定"衣带渐宽终不悔，为伊消得人憔悴"之不悔。为掌握太极拳真谛下决心努力习练。人瘦了、憔悴了，但"终不悔"。三是懂劲神明阶段境界，长期习练冥思，体悟到"众里寻他千百度，蓦然回首，那人却在灯火阑珊处"之成功喜悦。经过长期苦练逐渐懂劲，逐步体验到"人不知我谓之神，我独知人谓之明"，豁然贯通"一羽不能加，虫蝇不能落"，英雄所向无敌之境界，何等乐哉！

道：一阴一阳谓之道。道可道也，非恒道也。老子首先提出"道"的哲学概念。"人法地，地法天，天法道，道法自然。"道是自然而然。习练太极拳正是追求随心所欲不逾规的"道"。

第十三章
Chapter 13

智慧
太极拳

Thirteen The Wisdom of Taiji

太极拳心谭

太极汉语 110 句

神 明
Seeing Through Opponents' Movements

 ## 90. 神 明
90.Seeing Through Opponents' Movements

  太极拳功夫最高阶段的智慧。即人不知我谓之神,我独知人谓之明,达到随心所欲不逾规的自由自在阶段。神明须在着熟、在懂劲基础之上,进一步苦练体悟方可得到。进入了对手一念一意皆在我掌握之中,而对手对我之意图毫无知觉,而对手完全在我掌控之中的境界。这时成为高超的艺术。

太极拳心谭

太极汉语110句

后发先至

Seeing Through Opponents' Movements

 **91. 后发先至**
91. Seeing Through Opponents' Movements

后发先至是太极拳的智慧和技艺。以静制动，当对手有攻击意念刚刚萌发即被我发现，我先于对手迅疾针对其意图与破绽予以破击。先至是用腰转动，只要腰微微一转动，梢部即快速先至。后发先至训练方法多种，如引进落空合即出，引到身前劲使蓄，黏即是走。后发先至须把握三点：一是先知，懂劲；二是走捷径，腰转、臂转；三是意到、气到、劲到，速度极快。

引进落空
Luring Attacks and Defusing them

92. 引进落空
92. Luring Attacks and Defusing them

引进落空是太极拳的大智慧。诱敌深入是引进落空在军事上的运用，改变对手原有的有利态势，引对手到我有利的态势下击败对手。太极拳的引进落空是避其锋芒，引对手于我有利的范围，通过我的力点转化让对手着力点落空为上空；通过我的阴阳转化将对手立足点拔起为拔根叫下空，上空与下空的核心是让对手失去平衡，顺人之势，借人之力，击败对手。

太极拳心谭

太极汉语110句

牵动四两拨千斤

Tactful Pulling and Striking

 **93. 牵动四两拨千斤**
93.Tactful Pulling and Striking

牵动四两拨千斤是太极拳的最高智慧之一。通过舍己从人、引进落空、不丢不顶来实现。推手时要清楚对手攻击的力道与方向，顺着对手的攻击力道牵动对手，在对手失去平衡的瞬间我将之即倒；若对手退回，顺着对方退回的力道，瞬间发力，击打其身体，效果神奇。

太极拳心谭

太极汉语110句

以静制动

Using Stillness to Suppress Movements

 **94. 以静制动**
94. Using Stillness to Suppress Movements

以静制动是太极拳智慧的集中体现。以静制动意思是在与对手决斗时，心要平静，不要慌张，不做无谓的动作，静心仔细观察对手的动作变化，更要从心理上感知对方，预测对手下一步的意图。静不是不动，而是静中有动，"彼不动我不动，彼欲动我先动"。以静制动是以逸待劳在太极拳上的运用。

太极拳心谭

太极汉语110句

以柔克刚

Overcoming Firmness by Gentleness

 **95. 以柔克刚**
95.Overcoming Firmness by Gentleness

　　以柔克刚是太极拳智慧，是以智取胜的运用。极柔软然后极坚刚，是太极拳中柔与刚的关系，即由松入柔，积柔成刚，柔中有刚，刚中有柔，外柔内刚，柔化刚发。柔在太极拳技击中具有走化、粘连黏随和蓄劲等作用。对方刚时，不以刚迎之，而以柔化之，即为以柔克刚。运行中把"走化"与"粘发"融为一体，作为技击中的精妙技巧，处处表现出灵活善变，重巧轻力，重智轻勇，迂回待机，避实击虚，舍己从人，引进落空，就势借力，以守为攻等鲜明特点，从而达到以小力胜大力，以弱胜强的技击奇效。实质上是阴阳辩证法的具体应用，是老子"柔弱胜刚强"哲理的生动体现。

以弱胜强

Defeating the Strong by the Weak

96. 以弱胜强
96. Defeating the Strong by the Weak

  以弱胜强是太极拳的大智慧。静态上有年龄的体质强弱,心理上有勇敢与怯懦的强弱;技巧上有善变与不善变的强弱,运动素质上有反应敏捷与迟钝,出手快慢、发劲威力大小的强弱。动态上的强弱是相对的,可转化的。要善于掌握时机,创造条件,让对方"强"变"弱"。锁住对方的劲路,控制对方的重心,"擎起彼身借其力",使对手由强变弱而受制于我;巧妙地运用粘走,转化对方的来劲,破坏对方的平衡,形成我顺人背,造成综合优势,然后击之。以弱胜强实质是易弱为强。

太极拳心谭

太极汉语110句

夫唯不争，故无敌
Being invincible for not contending

97. 夫唯不争，故无敌
97.Being invincible for not contending

　　语出《道德经》：夫唯不争，故天下莫能与之争。又曰：不争而善胜。太极拳主张重在防守，主张后发制人，不主动进攻，不恃强好胜，然，在不得已不得不出手应对时，才师出有名制敌。不争不是无力，不是无备，不是无功夫，不是软弱。落后挨打，弱肉强食是丛林不变的规则，只有强大才能止戈为武，让对手知威而退，不战屈人之胜。太极拳遵循老子的：不争，是自己强大，功夫高深而不故意欺负他人，侵犯他人，故无敌的理念。遵循孙子兵法：仁者无敌，不战屈人，攻心为上的思想。故有杨露禅打遍天下无敌手。

第十四章
Chapter 14

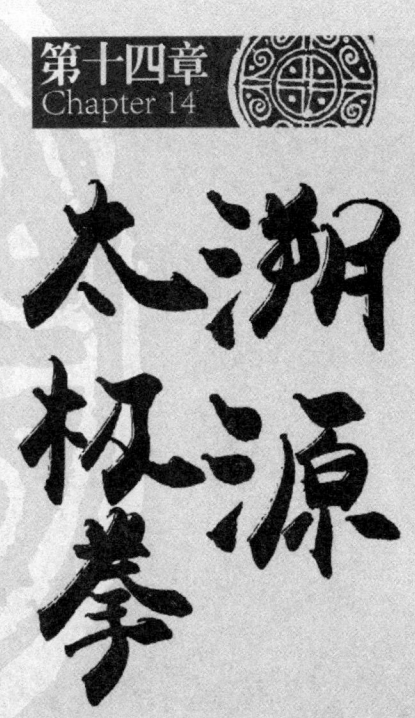

溯源太极拳

The Origins of Taijiquan

太极拳心谭

太极汉语110句

太极拳文化与中华文明同生同长

Taijiquan Culture Co-existing with Chinese Civilization

 98. 太极拳文化与中华文明同生同长
98.Taijiquan Culture Co-existing with Chinese Civilization

太极拳的术与太极拳的魂同时出现，术的雏形是华夏民族的先祖在采摘野果时的动作，在狩猎与野兽搏斗中的动作演化而来的，这些动作中包含着我们祖先的智慧，用较少的力量摘下野果，用最小的伤亡战胜野兽，击毙野兽，获得食物，这是初始太极思想。随着中国文明的发展，文化的出现，文字的创造，通过华夏祖先长期观察自然，描述自然，利用自然，改造自然逐步形成的太极思维、太极思想，成为了中国人世界观、方法论，其独尊地位贯穿华夏文明五千年。宋代张三丰观察蛇鹊争斗时，发现蛇以逸待劳，斗智斗勇，以静制动，以智取胜的太极思维，引发将太极思维、太极思想融入内家拳、十三势，使得内家拳赋予了深刻文化内涵，赋予文化的灵魂，插上了翱翔的翅膀。

易祖：周文王、伏羲、孔子（从左至右）
YI Zu: Duke of Zhou, Yi Jing, Confucius

99. 易祖：伏羲、周文王、孔子
99.YI Zu:Duke of Zhou，Yi Jing，Confucius

  上古伏羲画八卦，中古文王演《周易》，近古孔子为《易经》作《十翼》。"《易经》是群经之首"，内容博大精深；"《易经》是群经之始"，《易经》是中华文化文字记载的文明之始。"太极"一词源于《易经》，《系辞》说："易有太极，是生两仪……"。《易经》的核心理念是阴阳，太极拳正是汲取了《易经》的核心理念，以阴阳变易为总纲，讲究阴阳平衡，动静连贯，虚实转换，刚柔相济，以静制动，牵动四两拨千斤，奇妙无穷。

太极拳心谭

太极汉语110句

老子李耳
Li Er

庄 周
Zhuang Zhou

 100. 道祖：老子李耳、庄周
100.Originators of Taoism: Li Er and Zhuang Zhou

  道家学说是老子李耳创立，庄周继承和发展。道家的核心理念是道法自然。太极拳的居善地者，得机得势；心善渊者，敛气舒神；事善能者，随转随接；动善时者，不后不先；太极之无敌，唯不争也。就是遵循了《道德经》的"上善若水，居善地，心善渊，事善能，动善时，夫唯不争，故无忧"之理。太极拳的曲中求直，蓄而后发就是遵循了《道德经》的"曲则全，枉则直"的道理。《道德经》的"后其身而身先，外其身而身存"，在太极拳体现为彼不动，己不动，彼微动，己先动，由己则滞，从人则活的拳理、拳法的设计。《道德经》的"反者道之动"，体现在太极拳欲上先下，欲前先后，欲左先右，欲进先退的拳法拳路。太极拳遵循了《道德经》基本理念和核心价值，唯不争，故无敌。

太极拳心谭

太极汉语110句

岐伯论医

On medicine by Qi Bo

 101. 医祖：岐伯
101.Originators of Medicine: Qi Bo

　　《黄帝内经》是我国现存的最早的一部中医学著作，是一部养生学巨著，核心价值是天人合一。"黄帝内经"中的"素问·阴阳应象大论篇"记载："阴阳者，天地之道也，万物之纲纪，变化之母，……神明之府也"，《太极拳论》讲道："太极者，无极而生，阴阳之母。动则分，静则合"，"一阴一阳谓之拳"。太极拳的"虚领顶劲"，"气沉丹田"，"主宰于腰"就是遵循了《黄帝内经》的经络、穴位学说。故习练太极拳能够有健身养性安心之功效。

孙 武
Sun Wu

102. 兵祖：孙武
102.Originators of Military Theory: Sun Wu

孙武（约公元前545—公元前470），字长卿，齐国乐安人，春秋时期著名的军事家、政治家，尊称兵圣。后人尊称其为孙子，兵家祖师，兵学的鼻祖。著有《孙子兵法》流传百世，被东西方奉为战争圣典。《孙子兵法》讲究"避实击虚"，太极拳"虚实转换、借力打力"同归一理；《孙子兵法》讲究"诱敌深入"，与太极拳"引进落空"同出一辙；《孙子兵法》讲究"知己知彼，百战不殆"，太极拳练就"人不知我，我独知人"神明之功夫，两者一脉相承；以逸待劳、听劲懂劲、动静相间等等皆与孙子兵法相契合，皆与孙子兵法的理念与思维相一致，太极拳先辈尊奉孙武为兵祖。

张三丰 Zhang Sanfeng

第十四章 太极拳溯源

 **103. 术祖：张三丰**
103.Originator of Taiji Martial Arts: Zhang Sanfeng

张三丰(1247—1458)，辽东懿州人，名全一，一名君宝，三丰其号也。宋代技击家，武当派道人，武当丹士，被尊奉为武当派创立者，精拳法，其法主御敌，非遇困危不发，发则必胜。张三丰观鹊与蛇搏斗，鹊飞击蛇时，蛇蜿蜒轻身，摇闪避之，鹊击空，相持时久，鹊精疲力竭，无奈飞走，蛇未受鹊伤。由此得到启发：以柔克刚，以静制动，以逸待劳，引入内家拳。张三丰长期潜心修行，结合日常生活，观察世间万物变化，研究阴阳、五行、八卦相生相克之理，融入内家拳。内家拳依太极之理，由无极至太极，由无相而生有相，由静而生动，每个招式均分阴阳（即虚、实，柔、刚），动作多以弧形、曲线为基础。此拳，结合了导引、吐纳，加强了柔化刚发的力量；结合了经络学说，具有了缠绕运转的缠丝劲；依阴阳学说，创立了阴阳虚实、柔刚俱备的拳理，被太极拳界尊奉为术祖。

第十五章 Chapter 15

发展太极拳

The Development of Taijiquan

太极拳心谭

太极汉语110句

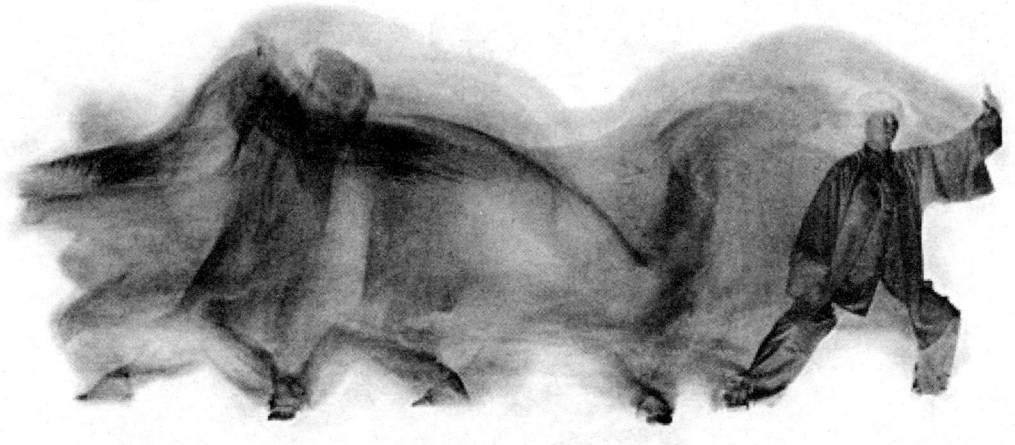

科学化传承立起来
Scientific Inheritance

 104. 科学化传承立起来
104.Scientific Inheritance

　　太极拳瑰宝科学化传承是时代的呼唤，人类健康的迫切需求。太极拳科学化传承需要《太极拳学》，创撰《太极拳学》须由太极拳传人、太极拳文化学者、太极拳理论研究人员、太极拳拳友协同创新，共同承担历史使命；《太极拳学》既要传承太极拳渊源理论体系和技术体系，又要用现代科技注释古典学科；既要保持传统的精髓，又要融入时代科技进步的元素。太极拳科学化传承需要有太极拳传承的高级人才，高校是太极拳科学化传承人才培养的主体，创建专业，探索学科传承，培养太极拳高级专门人才；民间大师是太极拳科学化传承的重要力量。创建太极拳科学化传承的标准体系，努力做到规范化、标准化、艺术化、科学化、现代化。

太极拳心谭

太极汉语110句

社会化推广走下去

Social Promotion

 105. 社会化推广走下去
105.Social Promotion

太极拳的健身、养心、防病、医病诸多功能具有普世价值,民众十分欢迎,推进太极拳进学校、进机关、进车间、进社区、进军营、进农村的社会化推广,是惠及百姓功德无量的民心工程。

太极拳心谭

太极汉语 110 句

国际化传播走出去
International Disseminnation

106. 国际化传播走出去
106. International Dissemination

太极拳为华夏文明的瑰宝，蕴藏着中国文明、文化和智慧，满足国际太极拳爱好者的渴望，送健康，送幸福，送快乐。太极拳要以"太极瑰宝，源于中国，融入世界，造福人类"的博大胸怀和理念走出去，推进国际化传播，融入国家战略，走进孔子学院，创建太极学院，给力民族复兴，造福人类健康。太极拳国际化传播是中华民族对人类的又一重要贡献。

太极拳心谭

太极汉语110句

产业化发展活起来

Industrialized Development

 107. 产业化发展活起来
107.Industrialized Development

　　太极拳产业化发展是太极拳发扬光大的有效途径，是最大满足民众对太极拳需求的载体，是太极拳可持续发展的生命活力所在。太极拳产业化发展的路径是太极拳产品＋资本，太极拳产业化发展的基石是产品，研发太极拳文化"健康处方"产品是当务之急。太极拳产业发展有很大空间，传承、传播、弘扬太极拳文化，需要发展太极拳文化教育产业；提高、激发民众对太极拳文化的深入了解，需要发展太极拳文化影视产业，竞赛产业；让更多的民众享受太极拳文化瑰宝，需要发展太极拳文化健康产业，发展太极拳文化旅游产业，太极拳文化礼品产业等等。太极拳产业化发展需要政府、民间、社团、高校、企业各个方面共同参与，共襄太极拳伟业。

第十六章 Chapter 16

梦想太极拳

The Long-Cherished Dream of Taijiquan

太极拳心谭

太极汉语110句

太极拳进奥运
The Long-Cherished Dream of Taijiquan

 **108. 太极拳进奥运**
108.The Long-Cherished Dream of Taijiquan

  太极拳被誉为中国的第五大发明。太极拳瑰宝，应该为人类做出更大的贡献，最有效途径是推进太极拳进奥运，使之成为习练人数最多，享受范围最广的全球性的健康项目，以造福人类。太极拳推手完全有条件能够进奥运作为竞赛项目，当前需要研究制定符合奥运理念的规则。

太极拳心谭

太极汉语 110 句

创编太极拳学

Creating the Discipline of Taijiquan

第十六章 太极拳梦想

 **109. 创编太极拳学**
109.Creating the Discipline of Taijiquan

　　太极拳内涵博大精深，蕴藏着厚重的华夏文化底蕴，奥妙神奇的技击技巧，独特的修身养性功能，科学的防病治病功效，普惠民众的健身项目，行之有效普遍适用的哲学思维，人类文明，文化瑰宝，呼唤着《太极拳学》腾空出世。

太极拳心谭

太极汉语110句

创建中国太极文化大学
Establishing Chinese Taiji Culture University

 110. 创建中国太极文化大学
110.Establishing Chinese Taiji Culture University

太极拳文化与中华文明同生同长,传承模式历经家传秘传,设馆授徒,和高校专业教育,但这已经远远不能适应人类追求健康的迫切需求,亟待创建运用现代科技与古典优秀传统文化相结合的,多学科支撑的综合性太极拳文化大学,实现人类对太极拳瑰宝的期盼。

后 记
Postscript

《太极拳心谭——太极汉语110句》，在各位大师名家、拳师拳友的帮助下面世了，了却了我多年的夙愿。尽管我知道自己学术浅薄，拳艺不佳，完成构建太极拳文化体系这个前人未竟的事业，我的能力、我的学识远远不够，但我出于对太极拳文化瑰宝的酷爱、执着、痴迷，做起了第一个吃螃蟹的人，不畏拳界内行之嗤笑，在习练太极拳十几年后，进行了近五年的艰辛研究探索，以第三只眼的角度从外往里看太极拳文化，自我感觉有所体悟，对太极拳文化伟业有所添力，也作为抛砖引玉，与太极拳文化界高人交流，与太极拳拳师拳友切磋。太极拳伟业亟须构建文化体系来推进，太极拳爱好者、习练者亟待太极拳文化体系来引领指导。这部《太极拳心谭——太极汉语110句》肯定会有不少纰漏，我期望同仁和大家提出批评意见。

在此，我衷心感谢王庚年台长，他是我心中的偶像，他的学识、风度、气场、阅历令我敬佩，我怀着试试看的心情请求王台为我作序，他作为中国国际广播电台台长日理万机，作为国家主流媒体的部级领导身居高位，欣然同意为我作序，令我感动，且在序中给予了充分的鼓励，令我激动不已。衷心感谢杨金廷书记为我题写书名，杨金廷同志长期从事高等教育，对邯郸学院发展，特别是对邯郸学院的太极文化事业作出了巨大贡献。有了王庚年、杨金廷两位大家的作序与题写书名，使得我的作品骤然提升了品位。

在此，我衷心感谢国家汉办党委书记、副主任、孔子学院总部副总干事长、世界汉语教学学会副会长兼秘书长马箭飞同志，是他在指导邯郸学院创办太极文化学院时，提出创编《太极汉语》这个项目的，责成邯郸学院承办，同时提出了指导性意见，此作品就是遵循马书记意见创作的。

在此，我感谢我的领导、我的同事、我的老友董海林同志，他在大名任书记时，我与他失之交臂，有缘人终会相聚在一起，几年后我们相聚在邯郸学院，我们两人被同事们戏为你们俩之间"还用说吗？"息息相映，默契无间。我在邯郸学院工作四年期间，谋划倡议打造太极办学特色，大力发展太极文化事业，受到院党委和社会充分肯定和大力支持，特别是董海林同志鼎力组织推动，才有了邯郸学院太极拳文化事业今天的大好局面。不仅仅于此，董海林同志党性强，觉悟高，他从不计较个人利益得失，一切为了事业，一切为了邯郸学院的发展，同志们称他为邯郸学院的"总理"，维护大局，维护团结，促成了邯郸学院这个百年老校的十年辉煌。是海林同志鼓舞支持我创作完成了《太极拳心谭——太极汉语110句》，并做红娘牵线获得王庚年、杨金廷大家作序、题写书名的，使这部著作顺利面世。

在此，我感谢国家武管中心段位制办公室副主任张路平老师，感谢太极拳特级大师郭毅刚老师，感谢邯郸太极文化学院首任院长郭振兴老师，感谢邯郸太极文化学院副院长刘文星老师，感谢邯郸学院特聘教授张平同志，感谢国家文化部命名的文化大师袁梅秀同志，感谢杨式太极拳第五代传人郑豪老师，感谢我老同学牛红印、任保亨。他们对这部著作从框架、从主题、从拳理拳法、从文字诸方面予以了认真斧正，提出了许多宝贵意见，我大都予以了汲取。

在此，感谢杨氏太极拳第五代传人常关成老师，他是我学习太极拳的第一位老师。感谢所有帮助我学拳的拳师拳友。

在此，感谢与复星集团董事长郭广昌牵手推广太极拳，易太极创始人黄忠达老师对我作品的肯定与支持。感谢青城派第 36 代掌门人刘绥滨老师对我作品的认可与赞许，并表示要运用我的研究成果。

在此，感谢邯郸学院邹永新教授、李洋老师、李亚杰老师精心设计此书的版面，使得我的著作韵味陡然提升，感谢邯郸学院孙红艳教授对中文稿的修改，还将不辞辛苦为此作品翻译成英文，使之能够走出国门，造福人类。

在此，感谢河北省政府文史研究馆馆员张晨光老总牵线联系人民出版社，在孙兴民主任的热情帮助下得以顺利出版。感谢人民出版社编辑同志们的辛勤劳动。感谢人民日报社艺术杂志李少波总编的热情帮助，是他热心帮忙联系国家级出版社予以付印出版。

在此，同时感谢我的老伴、子女家人对我的支持，尽管我已退休，应该回归家庭与老伴家人欢度晚年，但由于对太极拳的痴迷，比在职时给予家庭的时间还要少。

我的这个作品犹如是自家生了个孩子，无论丑俊，都是挚爱的。但在这孩子孕育的过程中，给予我帮助的人们，我都会永远记忆在脑海里，永远永远！

段玉铭
2015 年 10 月 28 日于愚民斋

附录一：
传统杨式太极拳 108 式拳谱

太极拳各流派有各自的拳谱名称和特点，谨以广府杨式太极拳第五代传人赵宪平老师编创的杨式太极拳 6 路 108 式为例介绍。

第一路 1 式—17 式 共 17 式

1. 预备势
预备势来并步站，收心忘事意归拳，
呼吸自然细缓长，虚灵顶劲胸内涵。

2. 起势
重心右移左脚开，以肩同宽目视前，
两臂缓起松下肩，与肩同高变下按，
掌落胯侧屈膝弯，舌顶上腭神内涵。

3. 揽雀尾左掤
重心右移腰右转，两手抱球在胸前，
提起左脚再左转，胯托左腿迈向前。
重心前移蹬后脚，上下分手左掤生，
面向正前目视远，呼吸自然顶头悬。

4. 揽雀尾右掤（含掤捋挤按）

重心后移左脚扣，重心左移两手随，
腰向左转引右手，然后抱球到胸前。
腰向左转带右腿，复向右转迈右腿，
重心前移弓步成，屈臂向上右掤生。
前拱后塌裆劲生，屈臂要圆意放松，
意要放远内劲涌，身要平正不前倾。

揽雀尾捋

重心略后臂右转，随腰右转两手翻，
复向左转坐后腿，手形不变随腰转。

揽雀尾挤

腰带右臂向右转，右臂外撑左手按，
松圆远视要进身，外形不动内里转。

揽雀尾按

重心后移两手收，头悬肩松沉下肘，
左脚蹬地两手推，上身不俯要收臀。
注意前弓和后坐，头悬收臀腰放松，
后坐吸气上下随，前弓呼气上下合。

5. 单鞭

重心后移身法正，腰胯带动右脚扣，
两手平抹向左行，与肩同高眼随行。
两手屈臂向右转，右手后伸要立掌，
左手内翻到胸前，腰向左转合起手。
复向左转变勾手，右腿坐稳气下沉，
后胯托起左腿迈，弓步按掌单鞭生。

6. 提手上势

重心后移扣左脚，重心左移松勾手，
两臂平展松两肩，腰向左转提右脚。
复向右转送右腿，脚根着地合起手，
右手在前与眼平，左手合到右肘下。

7. 白鹤亮翅

两手下履右靠生，双手翻转到胸前，
右手收到小腹上，左手转圆到脸前。
腰向右转带左腿，复向左转左脚点，
左手下按右手托，上顶下松长身形。

8. 左搂膝拗步

重心不动腰右转，右手向下复后转，
曲臂收掌到耳旁，左手随腰来转动。
重心右移左脚起，复向左转送左腿，
左手向前搂左膝，弓步右掌向前推。

9. 手挥琵琶势

右脚跟步复下落，右手回手到胸前，
左脚略前虚步落，左手前伸琵琶成。

10. 左搂膝拗步

稳住重心腰右转，右手向下往后伸，
转腕挑掌收耳旁，左手随腰来转动。
腰向左转胯托腿，迈出左腿左手搂，
弓步右掌向前推，肩正收臀身不俯。

11. 右搂膝拗步

重心右移右手伸，左手翻转升腹前，
腰带左脚向外摆，重心左移腰左转。

左腿支撑身要正,左手向下往后伸,
转腕挑掌收耳旁,右手随腰来转动。
腰向右转托右腿,松腰送腿向前迈,
右手平转搂右膝,弓步左掌向前推。

12. 左搂膝拗步
重心后移开右脚,左伸右收履势来,
腰向右转右臂转,左转迈步搂膝成。

13. 手挥琵琶
手挥琵琶又一回,跟脚落脚动左腿,
进退上下合起身,目视远方意先行。

14. 左搂膝拗步
左搂膝来同样作,攻守坚备两手合,
转换呼吸要自然,前后左右势要圆。

15. 进步搬拦捶
重心后移不后仰,腰带左脚向外开,
两手做成履势来,目要专注吸气来。
重心左移身左转,右手变拳收胸前,
左手后伸转耳边,右转蹬腿摆右脚。
重心移到右腿来,右拳翻转收腰间,
腰向左转迈左腿,左手前伸意要远。
右脚蹬地弓步生,同时进身打右拳,
左手掤进不松动,脚手配合巧应用。

16. 如封似闭
重心后移松右拳,左手回收右肘下,
左掤右抽腰为轴,左转收臂按势生。
坐实右腿脚蹬地,弓步进身不前俯,

双手前推松两肩，目视前方意要远。

17.十字手
重心后移掌放平，左脚扣来右脚开，
腰向右转两手开，左伸右摸目右看。
重心左移收右脚，踩成马步两手落，
翻转升到胸前来，十字交叉静等变。

第二路　18式—32式　共15式

18.抱虎归山
重心右移身法整，腰略右转扣左脚，
重心回移左腿上，右脚虚点动意生。
左手向下向后转，松肩挑腕收耳旁，
腰向右转迈右腿，弓步搂膝打掌成。
双手转腕履势成，挤势同前斜角用，
按法同上方向变，变化方向练心灵。

19.肘底看捶
重心后移右脚扣，两手平转同单鞭，
右腕上挑左手掤，左脚弧形向左落。
腰向左转带右脚，左手随转变下按，
右手转至正前方，左右转换腰作主。
右脚落地坐实腿，左脚随起向前落，
左手上挑眼前方，右手变拳到肘下。

20.左倒撵猴
腰带右臂向后转，经腹向后挑右腕，
腰向左转收耳旁，左手前伸要翻掌。
腰向左转收左腿，略向右转退左腿，

重心左移推右掌，左掌收于左腰旁。

21. 右倒撵猴
腰带左臂向左转，经腹向后挑左腕，
腰向右转收左臂，右掌翻转要前伸。
腰向右转收右腿，略向左转退右腿，
重心后移推左掌，右掌收于右腰旁。

22. 左倒撵猴
左右撵猴连续做，转换折叠不停留，
重心要稳身法正，上下要合不丢顶。

23. 斜飞势
重心左移展左臂，挑腕屈臂到胸前，
右手回收小腹前，双手抱球腰右转。
右转带起右腿来，略向左转斜后伸，
脚根着地摆脚尖，左脚内扣腰右转。
右手随转到膝外，手尖与眼应同高，
左手下按左胯旁，精神贯注意远方。

24. 提手上势
提手上势又一回，左脚一跟两手分，
重心后移右脚起，脚根着地合两臂。

25. 白鹤亮翅
转身下履松腰靠，两手翻转在胸前，
右转带腿再左转，上下斜分长身形。

26. 左搂膝拗步
左搂膝来又一回，脚手转动上下随，
每势都要认真做，细心体会妙无穷。

27. 海底针

右脚根进上半步，落实坐腿左脚点，
右手回收右耳旁，左手上升到脸前。
提顶吊裆身法正，右腿下蹲不俯身，
右手下插不丢顶，左手随势保平衡。

28. 扇通臂

重心上升右手提，左手上升右掌内，
十字交叉在面前，右胯托起左腰来。
迈出左腿弓步进，同时左掌向前推，
右掌上翻收耳旁，前推后拉头顶悬。

29. 翻身撇身捶

重心后移左脚扣，右手下转到腹前，
左手屈臂转头前，重心左移腰右转。
迈步翻拳伸右腿，左手下按到左边，
向前弓步打左掌，右拳收到右腰旁。
重心后移身不仰，左掌回收肚脐上，
右拳向前冲心打，不丁不八麒麟步。

30. 进步搬拦捶

进步搬撇一同上，摆脚上步身随上，
打拳弓步要一致，目视前方不前俯。

31. 上步揽雀尾

重心后移作履式，腰带左脚向外摆，
左手前掤腰左转，右手前引带右腿。
两手抱球在胸前，腰再右转送右腿，
弓步右掤复变履，挤按随后又一回。

32. 单鞭

单鞭同上又一回，左右旋转两手随，
头顶下沉目随转，势势相连意要满。

第三路　33 式—55 式　共 23 式

33. 左右云手一

重心后移扣左脚，腰向右转左手随，
重心向左伸左臂，勾手变掌向下转，
经腹到胸升脸前，右脚回收开步站。
左手下转到腹前，翻转两手在正前。

34. 左右云手二

右手向右要平伸，左脚横开与肩宽，
右手下转到腹前，左手转上在正前。

35. 左右云手三

左手左伸收右脚，开步云手又一着，
连作三次意要连，折叠转换内里圆。

36. 单鞭

云手变成单鞭式，右腿跟步把脚扣，
右转勾手再左转，左脚迈出拉单鞭。

37. 高探马

重心后移松勾手，腰向左转点左脚，
左掌由外向胸收，右掌收胸向前探。

38. 右分脚

屈腿右转两手分，左转迈腿斜前方，
两掌向内收胸前，弓步右掌向斜探。
腰向左转带右掌，左右交叉在脸前，

重心前移提右脚，右转分掌踢右脚。

39. 左分脚
右脚回收右掌翻，左掌屈臂收耳前，
重心下沉送右腿，右掌回收左掌探
腰向右转带左掌，左右交叉在脸前，
重心右移提左脚，左右分掌踢左脚。

40. 转身左蹬脚
左脚收回左掌翻，左脚前落向后摆，
脚根为轴整体转，两手交叉提左脚。
目看前方两手分，左脚前蹬重心稳，
左脚收回独立站，两掌内收合面前。

41. 左搂膝拗步
左搂膝来同样做，转换变式心要静，
弓步身体勿前倾，搂膝打掌腰带动。

42. 右搂膝拗步
右搂膝来也同上，前弓后坐要连上，
提起精神身法整，势势都要做认真。

43. 进步栽捶
过渡动作同搂膝，右掌变拳收腰间，
左手向前搂左膝，弓步俯身打地拳。

44. 翻身撇身捶
腰起腰带左脚扣，左手升至左上方，
右手曲臂在胸前，转身撇身同样打。

45. 进步搬拦捶
紧接又是搬拦捶，摆脚进步要连上，
转变方向要留意，呼吸自然内舒畅。

46. 提膝右蹬脚

重心后移做捋式,腰带左脚向外开,
左手前掤腰左转,右手前引提右腿。
双手交叉独立站,稳住重心腰右转,
两手前后来分开,右脚前蹬神气现。

47. 左打虎

右脚下落扣脚尖,左脚点地做捋式,
腰向左转迈左脚,两手翻转打虎式。
注意两手与脚合,左手向左转头前,
右手握拳收腹前,拳眼相对目前看。

48. 右打虎

重心后坐松双拳,腰带左脚扣过来,
重心左移做捋式,右脚虚步意前方。
腰向右转迈右腿,右手右转到头前,
左手握拳收腹前,拳眼相对顶头悬。

49. 回身右蹬脚

裆劲下沉开左脚,腰向左转左手翻,
重心左移右手随,两掌交叉在胸前。
提起右脚独立站,腰略右转两手展,
随后右脚向前蹬,呼吸自然内气转。

50. 双峰贯耳

独立转体脚根转,左右分手复下沉,
左胯托起右腿迈,双臂上打要进身。

51. 左蹬脚

两手翻转到胸前,提起左脚略左转,
两手前后把掌分,左脚前蹬稳重心。

52. 转身右蹬脚

左脚回收向后伸，两手向前平衡身，
左脚前扫转一圈，脚尖为轴保重心。
左脚落来右脚抬，两手交叉在胸前，
前后分手右脚蹬，目视前方意要远。

53. 落步搬拦捶

右脚下落摆好位，重心前移腰右转，
两手随腰自旋转，带起左腿再左转。
腰胯托起迈左腿，两手拉开再进身，
转换身法要留意，呼吸自然细深长。

54. 如封似闭

如封似闭又一回，重做也要提精神，
一吸一呼开合现，内外配合要自然。

55. 承前启后十字手

十字手也同样做，转换拳式上下合，
开步站立顶头悬，目视前方势要圆。

第四路　56式—70式　共15式

56. 抱虎归山

抱虎归山斜搂膝，调整重心意要先，
重心右移左脚扣，搂膝捋挤按式成。

57. 斜单鞭

单鞭动作也同上，调换方向走斜方，
动作转换在思维，提起精神走四方。

58. 右野马分鬃

重心后移扣左脚，重心左移带右脚，

左手曲臂到脸前，松开勾手收腹前。
双手抱球在胸前，左胯托起右腿来，
松腰送出右脚来，弓步转腰两臂展。
左手下採到胯根，右手外捌到膝外，
目看前手向远视，气顺意远精神爽。

59. 左野马分鬃
重心后移右脚开，同时右手翻过来，
重心右移腰右转，两手翻转到胸前。
右胯托起左腰来，左转迈出左腿来，
弓步转腰两臂展，右採左捌目向前。

60. 右野马分鬃
重心后移左脚开，转腰抱球再做来，
左右相同连续做，意念不断势势连。
注意身形不前俯，上顶下沉步法灵，
上下连动腰为轴，呼吸自然不强求。

61. 揽雀尾左掤
重心后坐扣右脚，重心右移腰右转，
带起左腿再左转，右胯托住左脚迈。
随腰转动两手翻，抱球在胸体自然，
左掤右按掤势成，目看前方顶头悬。

62. 揽雀尾右掤（捋挤按）
紧接又是捋挤按，后坐扣脚要连贯，
同样拳势细心做，每次习练新发现。

63. 单鞭（同上）

64. 玉女穿梭一
玉女穿梭四角行，全靠腰带来完成，

重心后移松勾手，转换变式身要正。
左脚内扣腰右转，重心左移摆右脚，
右转带起左腿来，复向左转迈左腿。
同时左手收脸前，右手曲臂在腹前，
左手在上右手下，两手抱球翻过来。
重心前移左弓步，左手翻转头上方，
右手向前直推掌，目要前视意远方。

65. 玉女穿梭二

重心后移做捋式，腰带左脚向内扣，
重心左移右脚提，右手随转向下翻。
两手抱球在胸前，腰托右腿向前迈，
右掌翻到头上方，左掌向前直推掌。

66. 玉女穿梭三

重心后移做捋式，调整右脚向右移，
提起左腿再左转，两手随势抱胸前。
胯托左脚向前迈，弓步进身目前视，
左手上翻到头上，右手直推向前方。

67. 玉女穿梭四

重心后坐做捋式，腰带左脚向内扣，
重心左移右脚起，腰胯托起右腿迈。
右手随转向下翻，左手内收左胸前，
右手上翻到头前，左手直推也同上。

68. 揽雀尾左掤

重心后移做捋式，腰带右脚向内扣，
重心右移同前式，转腰迈腿左掤势。

69. 揽雀尾右掤（同前）

70. 单鞭（同前）

第五路　71式—94式　共24式

71. 左右云手一

72. 左右云手二

73. 左右云手三（以上同前）

74. 单鞭（同前）

75. 下势

右脚外摆向右坐，扑步要稳头顶悬，

左掌向右转向左，目视左脚不弯腰。

76. 左金鸡独立

重心前移摆左脚，右手引着右膝起，

左手下按到左胯，右手面前目视远。

77. 右金鸡独立

重心下沉右脚落，左手引着左膝起，

右手下按到右胯，左手脸前目视远。

78. 左倒撵猴

稳住重心右转腰，右手后伸左手展，

腰向左转收两手，右转伸腿撵猴成。

79. 右倒撵猴

80. 左倒撵猴

81. 斜飞势

82. 提手上势

83. 白鹤亮翅

84. 左搂膝拗步

85. 海底针

86. 扇通臂

87. 翻身白蛇吐信

白蛇吐信拳变掌，过渡动作同撇捶，
呼吸自然式式连，目随拳势来改变。

88. 进步搬拦捶

89. 上步揽雀尾右掤（捋挤按）

重心后移做捋式，腰带左脚向外开，
重心左移腰左转，左臂掤转提右腿。
右手外抹翻腹前，左胯托起右腿来，
右转迈步掤右臂，手掌随着到胸前。
接着就是捋挤按，式式同前又一遍，
一遍更比一遍精，神气意念在其中。

90. 单鞭

91. 左右云手一

92. 左右云手二

93. 左右云手三

94. 单鞭（以上同前）

第六路　95式—108式　共14式

95. 高探马带穿掌

重心后移松勾手，左转提脚再点地，
左掌内上收胸前，右手曲臂向上伸（掌心向下）。
胯托左腿向前迈，右掌下按左肘下，
左掌向前穿掌成，目视左掌意向远。

96. 转身十字腿

重心后移扣左脚，右转身来提右脚，
两手交叉在胸前，左右分掌蹬右脚。

97. 进步指裆捶

右脚下落并外摆，腰向右转带左腿，
左掌前伸右拳收，目要平视神要满。
弓步进身左手搂，右拳向前冲裆打，
弓步进捶不俯身，目看右捶气下沉。

98. 上步揽雀尾右掤（捋挤按）

重心后移左脚开，重心左移右脚抬，
腰胯托起右脚迈，重做掤捋挤按来。

99. 单鞭

100. 下势

101. 上步七星

重心前移左脚摆，右脚前点虚步来，
两手变捶随式变，经腹过胸到脸前。

102. 退步跨虎

右脚退步左脚点，两臂随腰向右转，
腰向左转手不动，转正身体两手撑。

103. 转身摆莲

两掌翻转捋式成，左脚扣来右脚摆，
脚尖为轴扫左腿，右掌随转翻过来。
重心左移右腿提，左手随转收胸前，
右手向右来平展，目视前方气自然。
右腿后伸身不偏，向左向上向右摆，
两手向前拍脚面，收腿提膝臂向左。

104. 弯弓射虎

重心下沉斜迈腿，两手从左向下转，

向后翻上打左捶，右拳收至右耳前。

105. 进步搬拦捶

身向后坐开左脚，左拳变掌收腰间，

右拳下扣腰左转，再向右转摆右脚。

上步搬拦同前式，转换拳势要相连，

呼吸自然不闭气，精神贯注意不散。

106. 如封似闭（同前）

107. 十字手（十字手来气混圆）

108. 合太极

双手分开掌向上，翻掌下垂落腿边，

稳住心情意不乱，再做三次深呼吸，

放松入静心怡然，重心右移收左脚，

两脚并拢虚灵站，涵胸拔背神内含，

呼吸引导归自然，太极归来无极转。

◆杨氏太极拳108式太极拳口诀

直线为攻，曲线为守；近身短打，慢练体会。

以意领炁，以炁领形；虚灵顶劲，无中生有。

◆杨氏太极拳108式"太极拳"心法

太极阴阳要分明，万变千化不离宗。

不偏不倚守中和，悟透松紧功始成。

松紧本是一根绳，松紧紧松刚柔用。

骨撑筋伸肉要松，松撑圆沉臂如弓。

头领足蹬中间空，坠肘松肩两手撑。
收胯开裆膝自挺，虚腋坐胯必起胸。
呼吸以喉入心腹，直落丹田涌泉通。
掤劲不离贯始终，周身似簧遇力应。
意不紧来又不松，不即不离不离中。
道法自然自然法，勿求勿追悟中行。
心松形松神亦松，似松非松松松松。
臂撑膝撑意亦撑，不撑自撑撑撑撑。

附录二：
太极拳论

　　一举动周身俱要轻灵，尤须贯串。气宜鼓荡，神宜内敛，无使有缺陷处，无使有凹凸处，无使有断续处。其根在脚，发于腿，主宰于腰，形于手指，由脚而腿而腰，总须完整一气，向前退后，乃能得机得势。有不得机得势处，身便散乱，其病必于腰腿求之，上下前后左右皆然。凡此皆是意，不在外面，有上即有下，有前则有后，有左则有右。如意要向上，即寓下意，若将物掀起而加以挫之之力。斯其根自断，乃坏之速而无疑。虚实宜分清楚，一处有一处虚实，处处总此一虚实，周身节节贯串，无令丝毫间断耳。

　　长拳者，如长江大海，滔滔不绝也。掤、捋、挤、按、採、挒、肘、靠，此八卦也。进步、退步、左顾、右盼、中定，此五行也。掤、捋、挤、按，即乾、坤、坎、离，四正方也；採、挒、肘、靠，即巽、震、兑、艮，四斜角也。进、退、盼、顾、定，即金木水火土也，合之则为十三势也。

　　原注云：此系武当山张三峰祖师遗论。欲天下豪杰延年益寿，不徒作技艺之末也。

　　注：录自大众文艺出版社出版：杨澄甫著《太极拳体用全书》。

附录三：
王宗岳太极拳论

太极者，无极而生，动静之机，阴阳之母也。动之则分，静之则合。无过不及，随曲就伸。人刚我柔谓之走，人背我顺谓之黏。动急则急应，动缓则缓随。虽变化万端，而理为一贯。由着熟而渐悟懂劲，由懂劲而阶及神明。然非功力之久，不能豁然贯通焉。虚灵顶劲，气沉丹田，不偏不倚，忽隐忽现。左重则右虚，右重则左杳。仰之则弥高，俯之则弥深。进之则愈长，退之则愈促。一羽不能加，蝇虫不能落。人不知我，我独知人。英雄所向无敌，盖皆由此而及也！斯技旁门甚多，虽势有区别，概不外壮欺弱、慢让快耳，有力打无力，手慢让手快，是皆先天自然之能，非关学力而有为也。察四两拨千斤之句，显非力胜！观耄耋能御众之形，快何能为？立如枰準，活似车轮，偏沉则随，双重则滞。每见数年纯功，不能运化者，率自为人制，双重之病未悟耳。欲避此病，须知阴阳相济，方为懂劲。懂劲后，愈练愈精，默识揣摩，渐至从心所欲。本是舍己从人，多误舍近求远，所谓差之毫厘，谬之千里，学者不可不详辨焉！是为论。

注：录自大众文艺出版社出版：杨澄甫著《太极拳体用全书》。

 **附录四：**
十三势行功心解

　　以心行气，务令沉着，乃能收敛入骨。以气运身，务令顺遂，乃能便利从心。精神能提得起，则无迟重之虞，所谓顶头悬也。意气须换得灵，乃有圆活之趣，所谓变转虚实也。发劲须沉着松净，专主一方。立身须中正安舒，支撑八面。行气如九曲珠，无往不利，（气遍身躯之谓）运劲如百炼钢，无坚不摧。形如搏兔之鹘，神如捕鼠之猫。静如山岳，动如江河。蓄劲如开弓，发劲如放箭。曲中求直，蓄而后发。力由脊发，步随身换。收即是放，断而复连，往复须有折叠，进退须有转换。极柔软，然后极坚刚；能呼吸，然后能灵活。气以直养而无害，劲以曲蓄而有余。心为令，气为旗，腰为纛（dào）。先求开展，后求紧凑，乃可臻于缜密矣。

　　又曰：彼不动，己不动；彼微动，己先动。劲似松非松，将展未展，劲断意不断。

　　又曰：先在心，后在身，腹松，气沉入骨，神舒体静，刻刻在心。切记一动无有不动，一静无有不静。牵动往来气贴背，而敛入脊骨。内固精神，外示安逸，迈步如猫行，运劲如抽丝。全身意在精神，不在气，在气则滞。有气者无力，无气者纯刚，气若车轮，腰如车轴。

　　注：录自大众文艺出版社出版：杨澄甫著《太极拳体用全书》。

附录五：十三势歌

十三势来莫轻视，命意源头在腰际。

变转虚实须留意，气遍身躯不少滞。

静中触动动犹静，因敌变化示神奇。

势势存心揆用意，得来不觉费功夫。

刻刻留心在腰间，腹内松净气腾然。

仔细留心向推求，伸屈开合听自由。

入门引路须口授，功夫无息法自修。

若言体用何为准，意气君来骨肉臣。

想推用意终何在，益寿延年不老春。

歌兮歌兮百四十，字字真切意无遗。

若不向此推求去，枉费工夫贻叹息。

注：录自大众文艺出版社：杨澄甫著《太极拳体用全书》。

 附录六：
打手歌

掤捋挤按须认真，上下相随人难进。

任他巨力来打吾，牵动四两拨千斤。

引进落空合即出，黏连贴随不丢顶。

注：录自大众文艺出版社：杨澄甫著《太极拳体用全书》。

附录七：身法八要

武禹襄

涵胸，拔背，裹裆，护肫；

提顶，吊裆，松肩，沉肘。

注：录自沈寿著《太极拳谱》。

附录八：
十三势行功要解

武禹襄

  以心行气，务沉着，乃能收敛入骨，所谓'命意源头在腰隙'也。意气须换得灵，乃有圆活之趣，所谓'变转虚实须留意'也。立身中正安舒，支撑八面；行气如九曲珠，无微不到，所谓'气遍身躯不稍滞'也。发劲须沉着松静，专注一方，所谓'静中触动动犹静'也。往复须有折叠，进退须有转换，所谓'因敌变化示神奇'也。曲中求直，蓄而后发，所谓'势势存心揆用意，刻刻留心在腰间'也。精神能提得起，则无迟重之虞，所谓'腹内松静气腾然'也。虚灵顶劲，气沉丹田，不偏不倚，所谓'尾闾正中神贯顶，满身轻利顶头悬'也。以气运身，务顺遂，乃能便利从心，所谓'屈伸开合听自由'也。心为令，气为旗，神为主帅，腰为驱使，所谓'意气君来骨肉臣'也。

  注：录自网文 360boc

附录九：
杨式太极拳老谱八门五步

方位：

掤南　捋西　挤东　按北　採西北　挒东南　肘东北　靠西南

八门：

坎，离，兑，震，巽，乾，坤，艮。

方位八门，乃为阴阳颠倒之理，周而复始，随其所行也。总之，四正、四隅不可不知也。

夫掤、捋、挤、按是四正之手，採、挒、肘、靠是四隅之手。合隅、正之手，得门、位之卦。以身分步，五行在意，支撑八面。

五行：进步火，退步水，左顾木，右盼金，定之方中土也。

夫进退为水火之步，顾盼为金木之步，以中土为枢机之轴。怀藏八卦，脚跐五行，手步八五，其数十三，出于自然十三势也，名之曰"八门五步"。

注：录自《永年太极拳志》，人民体育出版社出版。

附录十：
四字秘诀

武禹襄

敷：覆者，运气于己身，敷布彼劲之上，使不得动也。

盖：盖者，以气盖彼来处也。

对：对者，以气对彼来处，认定准头而去也。

吞：吞者，以气全吞而入于化也。

此四字无形无声，非懂劲后，练到极精境地者不能知，全是以气言，能直养其气而无害，始能施于四体。四体不言而喻矣！

注：录自《永年太极拳志》，人民体育出版社出版。

读 后 感

受段玉铭先生之托，让我看看他的《太极拳心谭—太极汉语110句》，我看后感到此书纵贯古今，气势磅礴，细腻精妙。书中忧国忧民之情，跃然纸上，观之有味，如精神食粮之美味，珠玑光华之瑰丽，实乃良师益友，不可多得之瑰宝。

郭毅刚

2015年9月于雨珍斋

郭毅刚，邯郸人，邯郸学院特聘太极拳教授，河北省太极拳健康学会副会长，总教练；河北省太极拳协会理事。出生中医世家，太极拳世家，自幼习练杨式太极拳，童子功底深厚。毕业于河北省中医学院，熟读《黄帝内经》，一生从事中医，一生习研太极拳，颇有创意，出版《郭毅刚论太极拳》、《郭毅刚太极拳防身术》等著作，自创了内经太极拳。弟子众多，弟子们多次参加大赛并获得大奖，为此，郭毅刚被邯郸太极拳联谊会命名为太极拳特级大师。

责任编辑：孙兴民　冯　瑶
责任校对：张　彦
装帧设计：李　洋　汪　阳　李亚杰　邹永新

图书在版编目（CIP）数据

太极拳心谭：太极汉语110句／段玉铭 著.—北京：人民出版社，2016.9
ISBN 978-7-01-016766-4

I. ①太… II. ①段… III. ①汉语-对外汉语教学-教材②太极拳-教材
IV. ① H195.4 ② G852.11

中国版本图书馆CIP数据核字（2016）第227967号

太极拳心谭
TAIJIQUAN XINTAN
——太极汉语110句

段玉铭　著

人 民 出 版 社　出版发行
（100706　北京市东城区隆福寺街99号）

保定市北方胶印有限公司印刷　新华书店经销
2016年9月第1版　2016年9月北京第1次印刷
开本：710毫米×1000毫米 1/16　印张：18.25
字数：238千字

ISBN 978-7-01-016766-4　定价：46.00元

邮购地址 100706　北京市东城区隆福寺街99号
人民东方图书销售中心　电话：（010）65250042　65289539

版权所有·侵权必究
凡购买本社图书，如有印制质量问题，我社负责调换。
服务电话：（010）65250042